RENATO KRULJAC

Intuition

Wie wir lernen, unserem Bauchgefühl zu vertrauen.

Edition Achtsamkeit

INHALT

VORWORT ... 6

INTUITION: WEGWEISER IN EINER KOMPLEXEN WELT ... 12
ES GIBT MEHR ALS EINE INTUITION: BEISPIELE ... 16

**ERKLÄRUNGSMODELLE DER KOGNITIONS-
WISSENSCHAFTEN: DER INTUITION AUF DER SPUR** ... 20
DAS WISSEN DES UNBEWUSSTEN ... 20
HIRNFORSCHUNG: WIE ENTSTEHT INTUITION? ... 24
AUTOMATISCHE ENTSCHEIDUNGEN:
SCHNELLER, ALS DER VERSTAND ERLAUBT ... 29
MIT GEFÜHLEN BESSER ENTSCHEIDEN:
DAS MODELL DER SOMATISCHEN MARKER ... 32
SPIEGELNEURONEN: MITGEFÜHL ENTSTEHT IM GEHIRN ... 34

INTUITION UND TRANSZENDENZ ... 38
DIE MYSTISCHE ERFAHRUNG ... 41
VISIONEN UND OFFENBARUNGEN ... 44

ACHTSAMKEIT: IM HIER UND JETZT LEBEN ... 48

WAS IST INTUITION? ... 56
INTERVIEW: ANTWORTEN VON EXPERTEN ... 56

**LOSLASSEN UND ACHTSAM WERDEN:
WIE WIR DIE INTUITION SCHULEN KÖNNEN** ... 108
ÜBER DEN TELLERRAND SCHAUEN ... 113
ATEM – DER RUHENDE ANKER ... 118
DIE KUNST DES NICHTSTUNS – EINFACH NUR DA SEIN ... 121
DIE SCHLÜSSELFRAGE ... 125
INTUITIVES SCHREIBEN ... 129
DIE INTUITIONSPRÜFUNG ... 131

NACHWORT ... 137
LITERATUR- UND QUELLENVERZEICHNIS ... 140
DANK/IMPRESSUM ... 144

VORWORT

Vor einigen Jahren fuhr ich mit meiner Familie von Deutschland nach Kroatien in den Urlaub. Nach acht Stunden Autofahrt entschloss ich mich, an der letzten Kreuzung rechts abzubiegen und in einem fremden Ort nach einem Ferienquartier zu suchen. Diese Entscheidung hatte ich intuitiv getroffen. Meine Frau und die Kinder machten zum Glück mit und wir hatten anschließend einen wunderschönen Urlaub.

In der Regel planen die meisten Menschen – vor allem in Deutschland – ihren Urlaub schon Monate im Voraus bis ins Detail. Das war bei mir eigentlich nie so: Die meisten Entscheidungen habe ich intuitiv getroffen, im Beruf wie im Privatleben. Nicht immer bekam ich dafür Zuspruch und verständnisvolle Blicke. So zum Beispiel, als ich nach über 16 Berufsjahren kündigte und mit 40 ein Studium begann, um – wie ich intuitiv begriff – meiner Berufung zu folgen: Diese Entscheidung stieß auf viel Skepsis. Das war sicher verständlich, denn ich hatte zu diesem Zeitpunkt zwei minderjährige Kinder und eine in Teilzeit arbeitende Ehefrau.

Im Laufe meines Lebens hatte ich jedoch erkannt, dass es für das eigene Glück und Wohlergehen wichtig ist, seine wahre Berufung zu finden. Nicht allein Geld oder Karriere sollten daher meine Berufswahl bestimmen. Ich suchte nach einer Tätigkeit, die mich wirklich erfüllt. Ich wollte mehr Sinn in meinem Leben finden, meine Stärken einbringen und der Gemeinschaft bzw. Gesellschaft etwas geben.

Ein solcher Schritt erfordert viel Arbeit und Mut. Wir alle haben zahlreiche Wünsche und Ängste, die uns meist nur zum Teil bewusst sind. Wir werden geprägt durch unsere Erziehung und gesellschaftliche Werte, dadurch ist unsere Sichtweise oft verzerrt. Daher ist es nicht leicht, sich von falschen Sicherheiten und Abhängigkeiten zu lösen und sich der eigenen Berufung, dem eigenen authentischen Weg zu öffnen. Wir brauchen dafür ein tieferes Verständnis, ein intuitives Erkennen dessen, was wir im Innersten sind, denn das, was unsere tiefste Motivation offenbaren kann, ist etwas Ganzheitliches und geht in diesem Sinne über unser Denken hinaus. Für mich war meine Intuition oft eine Entscheidungshilfe, und mehr noch: ein tiefes, ganzheitliches Wissen. Diese Art von Wissen, man könnte auch von Weisheit sprechen, schafft ein Urvertrauen und schenkt uns ein Gefühl tiefer Verbundenheit mit uns selbst. So fällt es uns leichter, uns von Sorgen, starren Vorstellungen und unnötigen Ängsten zu lösen.

Ich hatte einige intuitive Erfahrungen, die spontan kamen, meine Vorstellungen komplett auf den Kopf stellten und mein Denken veränderten. Es gab auch Zeiten, in denen ich aus verschiedenen Gründen meiner Intuition nicht traute und stattdessen, meiner Ansicht nach, rational urteilte. Solche Entscheidungen erwiesen sich öfter als wenig passend oder glücklich.

Was bedeutet das nun? Bin ich besonders intuitiv begabt und sind Entscheidungen, die ich vernünftig, also rational treffe, schlecht? Nein, denn ich weiß, dass ich allein mit Intuition nicht weit gekommen wäre, z.B. wenn es um Prüfungen während meiner Ausbildungen ging oder um praktische Fragen wie Finanzierung oder Budgetplanung. Neben vielen „positiven" Erfahrungen mit meiner Intuition waren Objektivität, das kritische Hinterfragen von Konzepten, Theorien und Erfahrungen für mich stets sehr wichtig. Heute sehe ich in beiden Aspekten, sowohl in der Intuition als auch in der Rationalität, wichtige

Werkzeuge, um Probleme zu lösen und die Lebenssituation zu verbessern. Es geht also darum, ein ausgewogenes Verhältnis zwischen beiden herzustellen.

Ein solches Gleichgewicht zu finden, ist aber nicht einfach, denn die Intuition wird heute vor allem in der westlichen Welt stark unterschätzt. Sie wird zumeist mit Skepsis betrachtet und weder als wichtige Funktion für unsere Entwicklung angesehen, noch wird danach gefragt, was die Entwicklung von Intuition fördert und unterstützt, wie intuitive Wahrnehmung sinnvoll integriert werden kann. Die Mittel des Denkens und des Verstandes werden überbewertet. So werden sie auch in diejenigen Bereiche hineingetragen, die allein mit logischem und unterscheidendem Denken nicht erfasst werden können, wie z.b. die Kunst und weite Bereiche der Psychologie und der Ethik. Dies motivierte mich, dieses Buch zu schreiben. In vielen beruflichen oder privaten Gesprächen wurde mir deutlich, dass viele immer mehr Wissen und Informationen ansammeln – weil sie sich dadurch sicherer fühlen und glauben besser im Leben zurechtzukommen. Doch zu viele Informationen sind oft eher eine Last als eine Hilfe. Es ist besser, die wirklich bedeutsamen Informationen auszuwählen. Nur: Wie kann ich wissen, was in der momentanen Situation für mich wirklich wichtig ist?

Es finden sich heute immer mehr Experten und Ratgeber zu allen möglichen Themen und wenn wir auf ihre Meinung hören, sehen wir vor lauter Bäumen den Wald nicht mehr. In meinem Leben traf ich viele sehr gebildete Menschen und war von ihrem Wissen beeindruckt. Mit der Zeit erlebte ich dann, wie viele von ihnen im täglichen Leben nicht zurechtkamen. Und ich fragte mich immer wieder, wie es sein kann, dass diese gebildeten, intelligenten Menschen sich so töricht verhalten. Im Weltgeschehen begegnet uns dieses Phänomen häufig und wir alle kämpfen mit den Folgen. Da sind die von den Politikern geplanten und durchgeführten Kriege, die Finanzprobleme der meisten Staaten, der akademisch gebildete Terrorist und so manch seltsame Entscheidungen der großen Unternehmensmanager.

Wie ist es zu erklären, dass wir mit unserem immensen Wissen und unserer Intelligenz da nichts ausrichten können? Heute wissen wir, dass es nicht nur die eine Intelligenz gibt, sondern viele Arten. Howard Gardner, Professor für Psychologie an der Harvard University, forscht intensiv in diesem Bereich und hat den Begriff von Intelligenz neu definiert. Er spricht von multiplen Intelligenzen: Dazu gehören die sprachliche, die logisch-mathematische, die räumliche, die musikalische, die motorische oder körperlich-kinästhetische Intelligenz, die personale, die naturkundliche sowie die noch in der Erforschung stehende existentielle Intelligenz. Zusätzlich wird heute von einer spirituellen Intelligenz gesprochen.

Wenn es so viele Arten von Intelligenz gibt – was genau ist dann ein intelligenter Mensch? So kann jemand ein sehr gutes logisches Verständnis besitzen, aber seine emotionale Intelligenz wenig entwickelt haben. Andererseits gibt es Menschen, die sich sehr gut in andere einfühlen und förmlich ihre Gedanken lesen können, aber bei einfachen Rechenaufgaben versagen, die mathematisches Denken erfordern. Das westliche Schulsystem fördert vor allem die Logik und die Sprache, da diese Fähigkeiten für die wirtschaftliche und technische Entwicklung besonders wichtig sind. Auf der Strecke bleiben die Fähigkeiten, die den Körper, das Emotionale, die Intuition und das ganzheitliche Denken betreffen. Für eine abgerundete Persönlichkeitsentwicklung sind sie jedoch unentbehrlich, denn sie stehen in Verbindung mit dem logischen Denken und bilden mit ihm eine Einheit.

In diesem Buch widme ich mich einem dieser Bereiche, die zu kurz kommen: der Intuition. Mir hat sie oft geholfen, Entscheidungen zu treffen. Dank meiner Intuition kann ich in vielen, vor allem in komplexen Situationen eine Lösung finden – nach der das bewusste Denken verzweifelt und erfolglos gesucht hat. Es gelingt mir, wirklich loszulassen und mich auf meine unbewussten Potenziale zu verlassen. Warum dies funktioniert, kann die Wissenschaft mittlerweile gut erklären: Deshalb stelle ich in diesem Buch auch Erkenntnisse aus den Kognitionswissenschaften vor.

Intuition hat auch mit Spiritualität zu tun. Es gibt kleinere und größere Wendungen im Leben, die man nicht vorausahnen und denen man nicht ausweichen kann. Darin sehe ich Schicksal oder Fügung. Für manchen mag sich dies etwas esoterisch oder zu religiös anhören. Dennoch ist Spiritualität ein wichtiger Aspekt der menschlichen Natur – neben dem Wissen, dem genetisch Vererbten, unserer Erziehung und dem Einfluss unserer Umwelt. Tatsächlich ist jeder zu einem Gutteil seines Glückes Schmied, aber es gibt Faktoren, die wir nicht beeinflussen können. So erreichen manche Menschen trotz ihres Talents, einer geeigneten Förderung, bester Rahmenbedingungen und viel Fleiß nicht das, was sie wollen. Andere ernähren sich immer ausgewogen, befolgen alle Ratschläge zur Gesundheitsprophylaxe und werden dennoch krank und sterben früh. Oft sprechen wir dann davon, Glück oder kein Glück zu haben. Ich persönlich sehe darin eine Art Schicksal. Dieses Schicksal kann ich nur auf einer tieferen Ebene wirklich verstehen und annehmen.

Vor vielen Jahren habe ich während eines mehrtätigen Zen-Meditationskurses Erfahrungen gemacht, an die ich mich noch sehr gut erinnern kann. Ich war nicht richtig darauf vorbereitet und wollte schon nach drei Tagen nach Hause fahren. Das Sitzen auf dem Meditationskissen und das Schweigen, das zum Programm gehört, bereiteten mir einige Probleme. Wir sind es heutzutage nicht mehr gewohnt, für einige Zeit – und hier spreche ich nicht von Tagen, sondern von Stunden oder gar Minuten – allein und still zu sein und nicht von anderen Dingen abgelenkt zu werden. Doch zurück zu meinem Erlebnis. Am dritten Tag widerfuhr mir etwas, was ich mit Worten nicht beschreiben kann, weil es über das logische Verstehen und das, was ich bis dahin kannte und erlebt hatte, hinausging. Ein Begreifen, ein Zustand tieferen Verständnisses für die Zusammenhänge überkam mich, ein Gefühl von Verbundenheit mit jedem und allem. Und neben diesem ekstatischen Gefühl stieg in mir die Erkenntnis auf, dass wir als Menschen alle in einem Boot sitzen und auf irgendeine Weise miteinander verbunden sind. So sind die Freude und das Leid des anderen auch meine Freude und mein Leid. Diese Erfahrung war nicht im Rausch oder von außen durch Worte oder Suggestion entstanden. Im Gegenteil, sie entsprang einem Zustand besonders ausgeprägter Klarheit und Präsenz. Ich erkannte, was immer da ist, aber unserem Alltagsbewusstsein verborgen bleibt. Es war ein Begreifen, das dazu dient, mehr von der Welt und den großen Zusammenhängen zu verstehen.

In diesem Buch beschreibe ich die verschiedenen Aspekte der Erfahrung von Intuition und stelle wissenschaftliche Erklärungsmodelle vor. Diese werden ergänzt durch die persönlichen Erkenntnisse ausgewählter Interviewpartner, die langjährige praktische Erfahrungen mit der Schulung von Achtsamkeit und Intuition haben. In diesem Zusammenhang wird das Achtsamkeitstraining bzw. die Meditation als eine Möglichkeit zur Schulung der Intuition vorgestellt.

INTUITION: WEGWEISER IN EINER KOMPLEXEN WELT

„Die Intuition ist ein göttliches Geschenk, der denkende Verstand ein treuer Diener. Es ist paradox, dass wir den Diener verehren und die göttliche Gabe entweihen."
Albert Einstein

Die Halbwertszeit des Wissens ist durch die rasante technische Entwicklung und die Globalisierung extrem gesunken. Die Welt ist komplexer und das Wissen zur wichtigsten Ressource geworden. Eine enorme Menge an Wissen haben die Menschen angesammelt, was zu großen Fortschritten in verschiedenen Lebensbereichen geführt hat. Menschen und Unternehmen streben danach, immer mehr Wissen und Informationen anzuhäufen, um zu bestehen und wettbewerbsfähig zu sein. Daneben wird aber auch die Angst größer, nicht genug zu wissen. Und tatsächlich wird es immer schwieriger, einen Überblick zu behalten: Denn die Menge an Informationen steigt stetig und die Zeit, um diese zu verarbeiten, sinkt immer mehr. Die Autoren Christiane Schiersmann und Heinz-Ulrich Thiel stellen fest: „In den nächsten zehn Jahren [muss] die Menschheit mehr Wissen verarbeiten als in den letzten 2500 Jahren zusammen."

Andreas Zeuch, Autor und Unternehmensberater, erklärt, dass sich die produzierten Daten schon im Jahr 2002 auf rund 5 Exabyte beliefen und sich in einem Zyklus von drei Jahren verdoppelt hatten. Um dies zu veranschaulichen, weist er auf das folgende Gedankenexperiment hin: „Bereits die 5 EB übersteigen die in der

Library of Congress gespeicherten Daten um das 37.000-Fache! Die Library of Congress verfügt momentan über ca. 1047 Regalkilometer an Büchern, Manuskripten etc., was in etwa der Strecke von Hamburg nach Genf entspricht. Um an den Büchern vorbeizufahren, die man aus den 5 EB bilden könnte, müssten Sie 100 Jahre lang täglich von Hamburg nach Genf und am nächsten Tag wieder zurück fahren. Was in der Zwischenzeit an neuen Daten gebildet wird, sollten Sie jetzt lieber nicht bedenken."

Unendlich viele Nachrichten und Werbeinformationen prasseln auf uns ein. Nach einer Studie soll ein Amerikaner etwa 3000 Werbebotschaften am Tag bewusst oder unbewusst wahrnehmen. Das sind bei durchschnittlich 8 Stunden Schlaf ca. 200 pro Stunde. Bei diesem Übermaß an Informationen wird es immer schwieriger, Wichtiges von Unwichtigem zu trennen und Entscheidungen zu treffen. Die Aufnahme- und Speicherfähigkeit unseres Verstandes allein ist begrenzt und die bewusste Verarbeitung der vielen Informationen braucht Zeit.

In der heutigen Berufswelt sind schnelle Entscheidungen gefragt – und vor allem richtige, was jedoch durch den Anstieg an Komplexität immer schwerer wird. So suchen die verschiedenen Managementdisziplinen, Psychologie, Neurowissenschaften sowie der Bildungssektor heute vermehrt nach Wegen, wie wir angemessene Antworten auf die vielen brennenden Fragen der modernen Welt finden können.

Der Verstand, die Logik, ist in einer immer komplexer werdenden Welt wichtig, reicht aber offensichtlich nicht aus, um wichtige Fragen zu beantworten. Wir brauchen also andere Mittel – aber welche? Heinz-Uwe Hobohm, Professor für Bioinformatik, erklärt: „Die Rolle des Verstandes ist so doktrinär in uns verankert, dass kaum jemand fragt, ob wir nicht noch andere Werkzeuge besitzen, um zu lernen, zu reagieren, uns zu entwickeln, mit Dingen und Menschen umzugehen." Eines dieser Werkzeuge ist die Intuition. Sie kann uns helfen, zu besseren Entscheidungen zu kommen. Im Bildungssystem spielt sie bislang keine Rolle und viele Psychologen stehen ihr eher skeptisch gegenüber, da sie in ihren Augen gegen die logischen Gesetze verstößt. Doch mittlerweile hat sich gezeigt – besonders durch neuere Erkenntnisse der Kognitionsforschung –, dass eine gute Intuition nicht nur für künstlerische Tätigkeiten wertvoll und wichtig sein kann.

Was Intuition ist, ist nicht leicht zu sagen: Gefühl, Instinkt, Bauchgefühl, sechster Sinn, Vorahnung, „den richtigen Riecher haben", aber auch Eingebung, Vision, Innenschau, Erleuchtung, Einfall, Geistesblitz, Idee – solche unterschiedlichen Begriffe werden genannt, wenn man Menschen fragt, was sie unter Intuition verstehen.

Der Begriff der Intuition besitzt also unterschiedliche Schattierungen und die Übergänge sind fließend. Die Erfahrung einer Intuition kann verschiedene Merkmale aufweisen, sie ist nicht einheitlich definierbar und somit kaum eingrenzbar. Sowohl mit den Erklärungsmodellen der Kognitionswissenschaften als auch mithilfe der alten philosophischen und religiösen Weisheitslehren kann man sich ihr annähern.

Intuition wird verschieden wahrgenommen: Manchmal wird sie als ein „diffuses Erleben" wahrgenommen – eine solche Intuition ist subtil und nicht offenkundig. Sie kann auch als klare, überzeugende und erwiesene Erfahrung auftreten, als ein „evidentes Erleben". Erfahrungen von Intuition, die einen übersinnlichen Aspekt aufweisen und unsere gewohnten Wahrnehmungskategorien sprengen, können zum Teil in den spirituellen Kontext eingeordnet werden. Darüber hinaus gibt es Intuitionen, die mit kognitiven Prozessen verknüpft sind und zu einem konkreten Ergebnis führen können – man kann sie als „rational/funktional" bezeichnen. Das sind die Intuitionen, die nach einer langen Phase des Suchens und Forschens zu einer Idee bzw. klaren Erkenntnis oder dem sogenannten Geistesblitz führen.

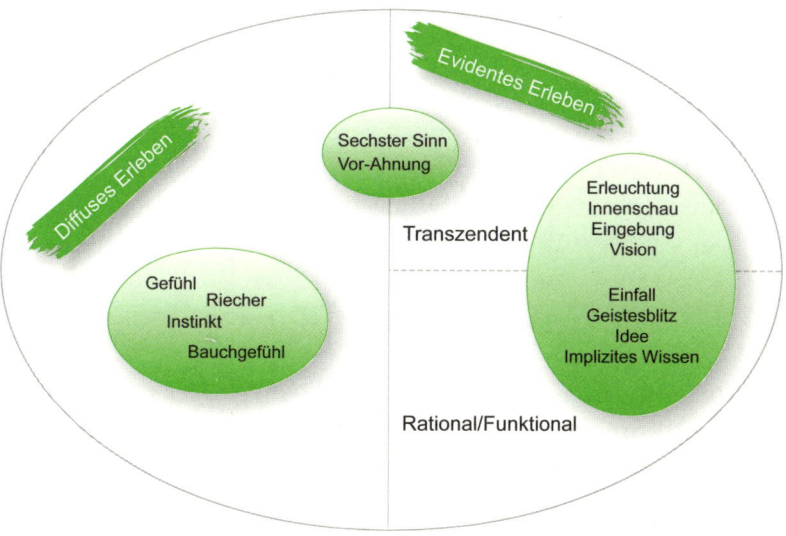

Synonyme für den Begriff Intuition und eine mögliche Kategorisierung.

Achtsamkeitsforscher und Meditationslehrer erklären, dass Intuition in einem Bewusstseinszustand auftreten kann, der uns mit „unbewussten Quellen" in Verbindung bringt. Ken Wilber spricht in diesem Zusammenhang von „der Ebene des transpersonalen Zeugen, des archetypischen Selbst", auf der es möglich ist, „eine fundamentale Intuition" wiederzugewinnen.

Intuition, die als „Eingebung" erlebt wird, ist eine plötzliche Erkenntnis, die nicht über das bewusste Nachdenken zustande kommt, sondern aus Bereichen des Unbewussten stammt. Sie ist eine Erkenntnis, die weit über die rational logischen Denkprozesse des Bewusstseins hinausgeht und tiefere Einsicht in größere Zusammenhänge erlaubt. Es handelt sich um ein „Begreifen", das nicht in Worte gefasst werden kann; ein nichtwissendes Wissen.

Auf den folgenden Seiten präsentiere ich einige typische Intuitionserfahrungen. Sie sollen helfen zu verstehen, auf was für unterschiedliche Art und Weise sich Intuition äußern kann.

ES GIBT MEHR ALS EINE INTUITION: BEISPIELE

Die meisten Menschen haben schon kleinere oder größere intuitive Erfahrungen gemacht. Oft wird dann von einem Aha-Effekt, einem Bauchgefühl, einer Vorahnung oder sogar einer Erleuchtung gesprochen.

Der Psychologe Timothy Wilson führte 1993 mit Studenten und Studentinnen ein Experiment durch. Er zeigte ihnen fünf Poster, und sie durften sich eins aussuchen: Dieses würden sie geschenkt bekommen. Die einen machten sich bewusst Gedanken darüber, welches ihnen am liebsten wäre. Sie analysierten ihre Überlegungen und machten sich dazu Notizen. Die anderen griffen zu, ohne lange nachzudenken. Sie entschieden sich intuitiv. Nach einiger Zeit wurden alle gefragt, ob sie mit der Auswahl immer noch zufrieden seien. Diejenigen, die sich spontan entschieden hatten, waren wesentlich zufriedener als diejenigen, die lange nachgedacht hatten.

Doch was geschieht da eigentlich? Was passiert, wenn man eine intuitive Erfahrung macht, und was ist Intuition?

Hier beschreibe ich vier Situationen, in denen Intuition auftreten kann.

🌱 Die Suche nach einer Lösung

Jeder kennt diese Situation: Man überlegt und analysiert lange, und je mehr man nachdenkt, desto weiter scheint man sich von der Lösung zu entfernen. Erst wenn ein gewisser Abstand zu dem Problem entstanden ist, etwa wenn man eine Nacht darüber geschlafen hat, hat man wie aus dem Nichts den entscheidenden Einfall.

Eine solche Situation beschrieb Friedrich August Kekulé 1890, der die Struktur des Benzols entdeckte – was zu einem Boom in der Chemieindustrie führen sollte:
„Da sass ich und schrieb an meinem Lehrbuch; aber es ging nicht recht; mein Geist war bei anderen Dingen. Ich drehte den Stuhl nach dem Kamin und versank in Halbschlaf. Wieder gaukelten die Atome vor meinen Augen. [...] Mein geistiges Auge, durch wiederholte Gesichte ähnlicher Art geschärft, unterschied jetzt grössere Gebilde von mannigfacher Gestaltung. [...] Und siehe, was war das? Eine der Schlangen erfasste den eigenen Schwanz und höhnisch wirbelte das Gebilde vor meinen Augen.

Wie durch einen Blitzstrahl erwachte ich; auch diesmal verbrachte ich den Rest der Nacht um die Consequenzen der Hypothese auszuarbeiten."

🌱 Die Begegnung mit einem Fremden
Wenn man einem Unbekannten zum ersten Mal begegnet, hat man manchmal das Gefühl, dass etwas nicht in Ordnung ist. Rational gibt es dafür keinen Grund – dennoch wird etwas emotional wahrgenommen, was nicht logisch erklärt werden kann. So berichtet ein Personalleiter, der oft Vorstellungsgespräche führt: „Ich habe am Anfang meines Berufslebens ein paar Mal die Erfahrung gemacht, wie das ist, wenn ich nicht auf meinen Bauch oder meine Intuition achte, und zwar bei Personaleinstellungen. Also, da hast du dann Unterlagen gekriegt, wo du denkst, Mensch, toll! Du lädst ein, tolles Gespräch, denkst: alles prima, stellst ein und irgendwo ist da was, was dir sagt: irgendwas ist nicht in Ordnung, und du denkst, ach, was soll der Quatsch ... Ist doch alles in Ordnung, wunderbar, stellst ein, und der Mensch übersteht die Probezeit nicht, oder es gibt halt einfach Ärger. Und dann hab ich mir angewöhnt, sehr genau drauf zu achten, dass beide Kanäle stimmig sind und dass ich nur dann eine positive Entscheidung treffe, wenn ich auf beiden Ebenen ein positives Signal bekomme."[1]

🌱 Eine Vorahnung
Man spürt, dass etwas in naher Zukunft passieren wird, etwa dass ein Ereignis eintritt oder einer Person etwas Bestimmtes widerfährt.

Eine Mutter hatte eine außergewöhnliche Erfahrung gemacht, die sie sich nicht erklären konnte. Deshalb schrieb sie einen Brief an eine Beratungsstelle:

„Vor einigen Jahren lebte mein Sohn beruflich als Ingenieur in Südamerika. Er sagte immer, er lebe im Paradies, und war rundum glücklich im Landhaus mit eigenen Bediensteten. Ich freute mich mit ihm, dass er es so gut getroffen hatte, und dachte niemals in Sorge an ihn. Eines nachts [sic!] träumte ich, er sei ins Krankenhaus eingeliefert worden. Beunruhigt rief ich bei ihm an und bekam keine Antwort. Erst am 3. Tag nahm er den Hörer ab und auf meine besorgten Fragen sagte er: ‚Was meinst du, wo ich gerade herkomme – aus dem Krankenhaus.' Er war mit seinem Wagen nach einem ‚blackout' – er hatte ein Medikament nicht vertragen – an eine Straßenlaterne gefahren, hatte Brustwirbel gebrochen und andere Verletzungen und war ins Krankenhaus gekommen."[2]

Ein Gefühl der Verbundenheit

Durch intuitive Erkenntnis macht jemand eine Erfahrung, die ein tiefes Gefühl der Klarheit, der Transzendenz und der Verbundenheit auslöst. Der Astronaut Edgar Mitchell schildert eine solche spontane Erfahrung:

„Irgendwie fühlte ich mich plötzlich im Einklang mit etwas viel Größerem […] Etwas unbeschreiblich Großes. Sogar heute noch bin ich perplex wegen der Wahrnehmung […] In mir quoll eine neue Erkenntnis empor, die mit einem Gefühl der vollständigen Harmonie einherging, ein Gefühl der Verbundenheit […] Ich war Teil eines größeren natürlichen Prozesses, als ich angenommen hatte, ein Prozess, in den ich eingebettet war."

---

[1] zitiert nach Remmert o. J., S. 16
[2] zitiert nach Lucadou/Zahradnik 2005, S. 4

ERKLÄRUNGSMODELLE DER KOGNITIONSWISSENSCHAFTEN: DER INTUITION AUF DER SPUR

„Wir sehen nicht, dass wir nicht sehen."
Heinz von Foerster

Viele Menschen haben solche oder ähnliche Erfahrungen gemacht. Doch wie sind sie zu erklären? Wissenschaftler beschäftigen sich inzwischen vermehrt mit der Frage, was Intuition ist. Hier einige Antworten der Kognitionswissenschaftler.

DAS WISSEN DES UNBEWUSSTEN

Als „Quelle" der Intuition betrachten viele Wissenschaftler das Unbewusste. Doch auch dieser Begriff ist nicht leicht fassbar: Was ist also das Unbewusste, und wie groß ist der Einfluss, den es auf uns ausübt?

Sigmund Freud, der Begründer der Psychoanalyse, untersuchte das Unbewusste. Er betrachtete es als den Ort, der die animalischen Triebe und unterdrückten traumatischen Erinnerungen enthält, und bezeichnete es unter anderem als etwas Bösartiges und Unberechenbares. Die Psychoanalyse und viele andere psychologische Schulen erkennen im Unbewussten die Quelle vieler Probleme, die folglich dort gesucht und bearbeitet werden müssen.

Eisberg, Bewusstes, Unbewusstes: Die Spitze des Eisbergs symbolisiert den bewussten Teil unseres Denkens und Handelns. Der größte und nicht sichtbare Teil stellt das Unbewusste dar.

Die Hirnforschung und die meisten Psychologen sehen heute im Unbewussten ein großes positives Potenzial, das den Menschen dazu dienen kann, sich weiterzuentwickeln und heil zu werden. Dieses Potenzial reicht – wie zahlreiche aktuelle Untersuchungen zeigen – weit über die Möglichkeiten des bewussten Geistes hinaus.

Der Sozialpsychologe und Entscheidungsforscher Ap Dijksterhuis erklärt, dass unser Verhalten zum größten Teil nicht in unserem Bewusstsein gründet. Er vertritt die Ansicht, dass wir die unbewussten Prozesse deutlich unterschätzen und die bewussten stark überschätzen. Die Gründe dafür erscheinen plausibel: Denn unsere Wahrnehmung und unser Denken sind sich nur der bewussten Prozesse bewusst. Die unbewussten Prozesse (die logischerweise un-bewusst sind) sind uns nicht bewusst. Dem Bewusstsein unbewusste Prozesse verständlich zu machen, wäre so, als würde man mit der Taschenlampe nach einer dunklen Stelle suchen, so Dijksterhuis.

Jeder Mensch nimmt täglich eine Vielzahl von Informationen unbewusst wahr. Zahlreiche Experimente haben die Existenz der subliminalen Wahrnehmung – das bedeutet: einer unbewussten Wahrnehmung und Informationsverarbeitung – bestätigt. So wurden zum Beispiel Versuchsteilnehmern verschiedene Wörter für eine sehr kurze Zeitspanne auf einem Computer gezeigt. Bewusst konnten sie sie nicht wahrnehmen. Unbewusst allerdings schon – denn ihre Entscheidungen und ihr Verhalten wurden davon beeinflusst.

So zeigt sich, dass uns vieles auf der unbewussten Ebene beeinflussen kann – auch wenn wir nicht den Eindruck haben, dass dies geschieht. Der US-amerikanische Psychologe John Bargh führte 1996 ein interessantes Experiment zur unbewussten Beeinflussung von Verhalten durch. Er stellte Versuchspersonen einen Sprachtest vor und bat sie, diesen zu lösen. In dem Test kamen auch Wörter vor, die viele mit dem Alter bzw. mit alten Menschen assoziieren, Wörter wie Falte, Glatze, Grau und Florida (Florida gilt in den USA als das sogenannte Rentnerparadies). Nach dem Test zeigte sich, dass die Versuchspersonen im Vergleich zur Kontrollgruppe signifikant langsamer als sonst liefen und sich auch müder fühlten.

Das Unbewusste hilft uns ständig, ohne dass wir es bemerken. Es bewältigt den größten Teil der Arbeit, mit der unser Gehirn beschäftigt ist. Während das bewusste Denken nur sehr begrenzt Informationen verarbeiten kann, kann das Unbewusste eine nahezu unbegrenzte Anzahl von Informationen verarbeiten. Michael Ermann, Professor für Psychosomatische Medizin und Psychotherapie, erklärt, dass Intuition ein unbewusster Prozess zur Erkenntnisgewinnung sei: „Intuition bildet daher den Gegenpol zum bewussten, rational-logischen Denken, mit dem wir ein Problem, ein Thema, eine Aufgabe in Details zerlegen, um zu einer Lösung zu gelangen. Intuition arbeitet rasch und schnell und bewältigt viel komplexere Aufgaben als das bewusste Nachdenken."

Was vom Bewusstsein wahrgenommen wird, ändert sich also – und dieser Wechsel wird unbewusst gesteuert. Aufmerksamkeit bekommen nur die Informationen, die einem wichtig erscheinen. Es werden Informationen aufgenommen und gespeichert, ohne dass sie uns bewusst werden, und das Unbewusste steuert, welche ins Bewusstsein gelangen.

Vielleicht haben Sie schon mal von dem Cocktail-Party-Phänomen gehört: Man konzentriert sich auf seinen Gesprächspartner und blendet alle anderen Stimmen im Raum aus. Plötzlich fällt irgendwo, in einem Gespräch anderer Partygäste, der eigene Name. Sofort wechselt die Aufmerksamkeit und man hört bewusst dorthin.

Die Forschungen der kognitiven Wissenschaft legen folgenden Schluss nahe: Bewusste Denk- und Handlungsprozesse sind vor allem das Resultat unbewusster Prozesse. Das Unbewusste wählt also aus der Menge der Informationen, die wir zum größten Teil gar nicht wahrnehmen, die entscheidenden aus, damit wir ein Problem lösen können. Wenn diese in unserem Bewusstsein auftauchen, nehmen wir sie als Intuition wahr. So erklärt der Wissenschaftsautor Bas Kast: „Das Unbewusste komprimiert Informationen zu Intuitionen."

HIRNFORSCHUNG: WIE ENTSTEHT INTUITION?

Die Hirnforschung versucht, Funktionen des Gehirns zu erklären, und erforscht unter anderem unbewusste und intuitive Entscheidungen. Das Gehirn ist mit seinen verschiedenen Arealen und Funktionen in zwei Hemisphären aufgeteilt, die linke und die rechte Gehirnhälfte. Diesen beiden Gehirnhälften werden oft verschiedene Funktionen zugeordnet.

Neuere Forschungen ordnen die Funktionen allerdings nicht mehr so strikt der linken oder der rechten Gehirnhälfte zu. So erklärt der Neuropsychologe Ernst Pöppel, dass die zwei Gehirnhälften vernetzt zusammenarbeiten. Bei vielen Prozessen könne nicht eindeutig zugeordnet werden, welche der beiden Gehirnhemisphären zuständig sei. Der linken Gehirnhälfte werden aber prinzipiell eher rationale und analytische Funktionen, der rechten Gehirnhälfte Gefühle und das ganzheitliche Erkennen zugeordnet. Es ist eine „Komplementarität des Ganzen und der Teile", so Pöppel.

Gerhard Roth, Biologe und Hirnforscher an der Universität Bremen, erklärt, dass die Intuition – die oft fälschlicherweise als einfache „Bauchentscheidung" bezeichnet werde – keine Erfahrung sei, die ohne ersichtlichen Grund zustande kommt: Sie sei vielmehr eine Einsicht, der zur Problemlösung ein langer Prozess des Suchens vorangeht. Er führt dafür eine plausible neurobiologische Erklärung an: Die Informationsverarbeitung läuft seiner Ansicht

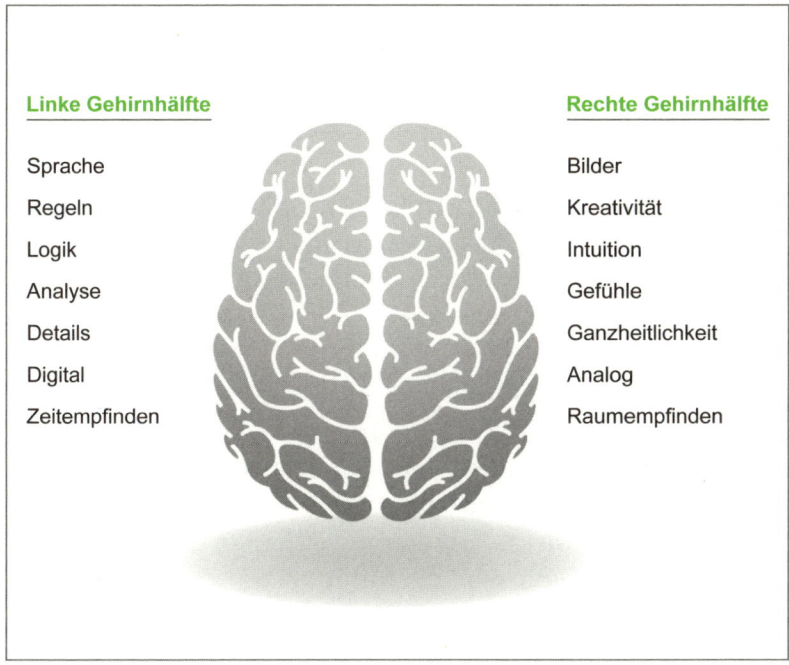

Die zwei Hemisphären des Gehirns und die Zuordnung von Funktionen.

nach im Gehirn auf drei Ebenen ab: der Ebene des Bewussten, des Vorbewussten und des Unbewussten. Die ersten beiden Ebenen liegen in der Großhirnrinde (Sitz des Alltagsgedächtnisses; hier denken wir nach und entwickeln Pläne) und die letzte, also das Unbewusste, im limbischen System (das sogenannte emotionale Gehirn, welches insbesondere unsere Gefühle beeinflusst).

Das Unbewusste, das unter anderem schon im Mutterleib und durch frühkindliche Erfahrungen konditioniert wird, hat für unser Handeln eine dominierende Funktion. Der Verstand bzw. unsere Intelligenz, die in der Großhirnrinde, genauer gesagt im präfrontalen Kortex, verortet wird, spielt hingegen bei den affektiven Entscheidungen und den stammgeschichtlich tief verwurzelten Reaktionen wie Flucht, Kampf oder Erstarren kaum eine Rolle.[3]

Nach Roth befinden sich im Vorbewussten (das Vorbewusste stammt aus Freuds psychoanalytischer Theorie; heutzutage sprechen die meisten Wissenschaftler vom Unbewussten) alle Informationen, die uns mal bewusst waren, uns aber gegenwärtig nicht mehr bewusst sind. Dazu gehören das Wissen, das wir uns angeeignet, sowie alle Erfahrungen, die wir gemacht haben. Diese Erfahrungen der Vergangenheit sind im „episodisch-autobiografischen Gedächtnis" kodiert. Da sich diese Inhalte in der Großhirnrinde nur leicht unterhalb der Bewusstseinsschwelle befinden, können sie durch einen inneren oder äußeren Impuls leicht wieder bewusst gemacht werden. Der Impuls kann nach Roth durch intensives Nachdenken oder plötzliche Wahrnehmung erfolgen. Somit wäre die Intuition also das Ergebnis vor- und unbewusster Prozesse, die im Gehirn ablaufen. Auf diese Prozesse haben wir keinen willentlichen Einfluss. Roth weist in diesem Zusammenhang auf die Intuitionen großer Wissenschaftler hin. Ihren großen Erfindungen ist ein langer rationaler Prozess der Suche vorausgegangen. Die Tatsache, dass man fast alle Erfahrungen und Erlebnisse speichern und sich zum Teil auch daran erinnern kann, ist für Roth dem Vorbewussten zu verdanken. Dieses hat eine nahezu unbegrenzte Kapazität und folglich viel mehr Möglichkeiten, Probleme zu lösen, als der Verstand.

Somit wäre die Intuition das Resultat von früheren bewussten Erfahrungen und Kenntnissen und für Menschen mit Erfahrungswissen zugänglich. Zu dieser Ansicht lässt sich kritisch anmerken, dass dies unter anderem im Widerspruch zu den oben beschriebenen Experimenten zur subliminalen Wahrnehmung steht. Wie diese zeigen, können sich auch unbewusst wahrgenommene Informationen in einer Entscheidung sowie in einer Intuition widerspiegeln. Des Weiteren gibt es zahlreiche Beispiele von Menschen, deren Intuitionen – die z.B. zu großen Erkenntnissen und Innovationen geführt haben – auf keinerlei Vorerfahrungen gegründet waren.

Wissenschaftler schätzen, dass unser Gehirn über die verschiedenen Sinnesorgane etwa 11 Millionen Bits pro Sekunde aufnehmen kann. Nur einen sehr geringfügigen Teil davon nehmen wir bewusst wahr. Dijksterhuis weist auf Untersuchungen hin, die der bekannte Psychologe George Miller durchführte. Die Ergebnisse zeigten, dass ein erwachsener Mensch bewusst etwa 7 ± 2 Informationseinheiten präsent halten kann. Das Bewusstsein kann etwa 60 Bits pro Sekunde verarbeiten. Zum Vergleich: Ein Wort mit fünf Buchstaben enthält weniger als 25 Bits. Das Unbewusste hingegen kann 11 Millionen Bits pro Sekunde verarbeiten. Somit ist die Verarbeitungsmenge des Unbewussten 200.000 Mal größer als die des Bewusstseins.[4]

Der Vorteil der unbewussten Verarbeitung von Informationen ist die enorme Kapazität, ohne die wir nicht lebenstüchtig wären. Der Wert des bewussten Denkens ist augenfällig – wir brauchen uns nur vorzustellen, wie unsere Welt aussähe, wenn wir nicht rational bzw. logisch denken könnten. Der Vorteil des bewussten Denkens ist die Präzision, jener des unbewussten Denkens die Kapazität. Nicht nur bei einer konkreten Rechenaufgabe wie 24 x 17 müssen wir uns des bewussten Denkens bedienen. Sind aber viele Aspekte zu berücksichtigen, sinkt (wie in der unteren Abbildung zu sehen ist) die Qualität der bewussten Entscheidung.

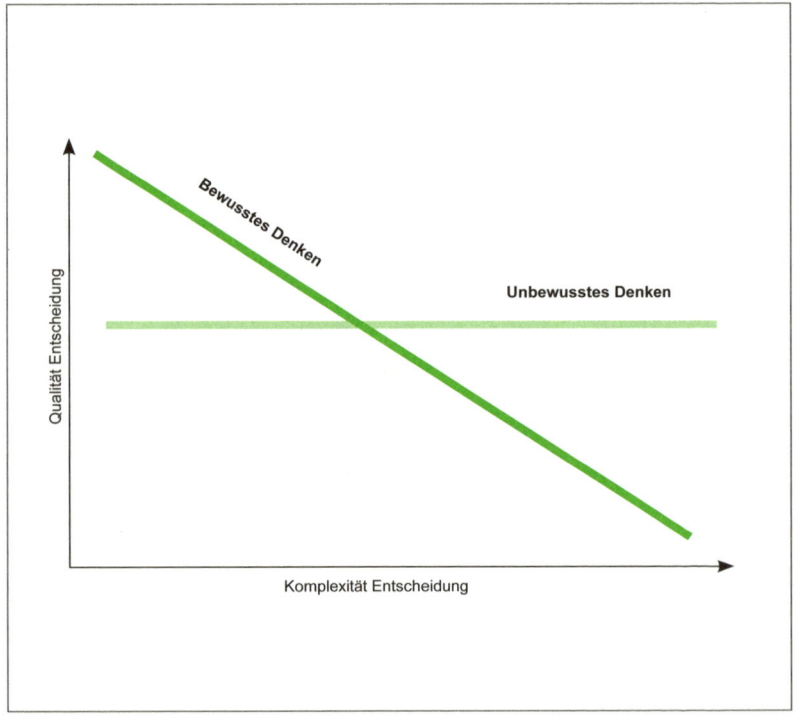

Qualität der Entscheidungen bei steigender Komplexität.[5]

AUTOMATISCHE ENTSCHEIDUNGEN: SCHNELLER, ALS DER VERSTAND ERLAUBT

Alltägliche Entscheidungen treffen wir zu 90 Prozent ohne längeres vorheriges Nachdenken. In solchen Situationen kommen automatisierte „Entscheidungs- und Steuerungsprozesse" zum Tragen. Diese funktionieren erst, wenn die Handlungen durch bewusstes Denken eingeübt worden sind. Beim Einüben – das Aufmerksamkeit verlangt – werden „Teile der sensorischen, kognitiven und motorischen Großhirnrinde" tätig und nach gewisser Übung immer mehr in die Basalganglien – die mit Unterstützung des Kleinhirns das Gedächtnis für Handlungen darstellen – verlagert.[6]

Der Psychologe und Nobelpreisträger für Wirtschaft Daniel Kahneman unterscheidet zwischen zwei Systemen, die bei Entscheidungen zum Tragen kommen:
– „System 1 arbeitet automatisch und schnell, weitgehend mühelos und ohne willentliche Steuerung.
– System 2 lenkt die Aufmerksamkeit auf die anstrengenden mentalen Aktivitäten, die auf sie angewiesen sind, darunter auch komplexe Berechnungen. Die Operationen von System 2 gehen oftmals mit dem subjektiven Erleben von Handlungsmacht, Entscheidungsfreiheit und Konzentration einher."

Zu System 1 gehören die unbewussten und automatischen Entscheidungen, und System 2 ist das bewusste, rationale Denken zugeordnet.

Sportler können lang eingeübte Bewegungsabläufe intuitiv blitzschnell ausführen. Diese sind konditioniert und erfolgen unbewusst. Wenn der erfahrene Sportler hingegen bewusst über jede einzelne Information nachdenken würde, müsste er aus einer Vielzahl von Informationen die wichtigste auswählen. Dies würde ihn viel Zeit kosten, und auch die Durchführung würde gestört. Dieser Effekt zeigt sich aber nur bei geübten Personen. Ungeübte müssen zunächst längere Zeit bewusst üben und nachdenken, damit es zu den schnellen unbewussten Handlungen kommen kann.

Gerd Gigerenzer, Professor am Max-Planck-Institut für Bildungsforschung, hat eine Grundregel der Intuition definiert. Sie besteht aus zwei Faktoren:

1. aus einfachen Faustregeln, Regeln die meist unbewusst sind und sich wiederholt bewährt haben, sowie aus
2. evolvierten Fähigkeiten. Das sind Fähigkeiten, die aus kultureller Vermittlung und evolutionären Erfahrungen erworben sind: Nachahmung, Sprache, Wiedererkennungsgedächtnis u. a.

Das bedeutet: Aus einer Vielzahl von Informationen wird die wichtigste für eine Entscheidung ausgewählt. Folgendes Beispiel kann verdeutlichen, was damit gemeint ist.

In einem Experiment wurden deutsche Studenten und Studentinnen befragt, ob Milwaukee oder Detroit mehr Einwohner habe. Die Befragten hatten sehr wenige Informationen über die beiden Städte und trafen somit eine intuitive Entscheidung. Im Vergleich zu einem vorherigen Experiment, das in einem amerikanischen College durchgeführt wurde, waren die Ergebnisse der deutschen Versuchsteilnehmer dennoch wesentlich besser. Fast alle gaben die richtige Antwort an: Detroit.

Die Studenten nutzten dabei eine einfache Faustregel: „Wenn du den Namen der einen Stadt, aber nicht den der anderen erkennst, dann schließe daraus, dass die wiedererkannte Stadt mehr Einwohner hat."[7]

Diese Faustregel wird mit dem wissenschaftlichen Begriff der Rekognitionsheuristik, also Wiedererkennungs-Heuristik (Heuristik ist vereinfacht gesagt ein automatisch und unbewusst ablaufender Lösungsprozess, bei dem in kürzester Zeit und bei begrenztem Wissen eine passende Lösung gewählt wird), bezeichnet. Diese besagt: Wenn man nur eine von zwei Alternativen kenne, sei diese die bessere. Dies führt zu einem präzisen Ergebnis, wenn zwischen Erkennen (Rekognition) und dem Kriterium (zum Beispiel Größe einer Stadt) eine Korrelation besteht.

Ein Beispiel dafür ist, dass einem Produkt hohe Qualität zugeschrieben wird, wenn es in den Medien öfter erwähnt wird. Ein Experte könnte aber die Rekognitionsheuristik nicht benutzen, da er von allen Produkten schon gehört hat.[8]

Eine weitere Faustregel ist die Blickheuristik. Diese wird unbewusst von Sportlern, z.B. beim Fangen eines Balles, oder in der Luft- oder Seefahrt oder beim Lenken einer Maschine angewendet. Sie dient entweder der Entstehung von Kollisionen (Ballspiele) oder deren Vermeidung (Luft- und Seefahrt). Das Gehirn eines Spielers muss beim Fangen eines Balles eine Reihe von extrem schwierigen Operationen bewältigen. Es muss die Entfernung, die Geschwindigkeit sowie den Winkel berechnen und dabei äußere Faktoren wie den Luftwiderstand berücksichtigen. All dies unternimmt der Spieler intuitiv, indem er den Ball fixiert, zu laufen beginnt und die Laufgeschwindigkeit – um die Blickrichtung kontinuierlich zu halten – anpasst.[9]

Nach Gigerenzer ist das Unbewusste als intelligent anzusehen, weil es automatisch weiß, wann und in welcher Situation sich eine Regel in der Anwendung bewährt.

MIT GEFÜHLEN BESSER ENTSCHEIDEN: DAS MODELL DER SOMATISCHEN MARKER

Bei wichtigen Entscheidungen spielen Emotionen eine große Rolle. Verstand und Gefühle sind komplementäre Werkzeuge, die man zum Überleben braucht. Gefühle helfen uns gerade in gefährlichen und komplexen Situationen, uns schnell zu entscheiden. So sind „negative" Gefühle wie Angst oft sinnvolle und hilfreiche Signale, die uns zur Wachsamkeit und Vorsicht ermahnen.

Der Wissenschaftsredakteur Gerald Traufetter beschreibt in seinem Buch „Intuition – Weisheit der Gefühle" Fälle, in denen bedeutende Entscheidungen durch Intuition getroffen wurden. Georg Soros, der als einer der bekanntesten und reichsten Finanzinvestoren gilt, soll bei seinen hoch riskanten Finanzspekulationen stets nach seinem Gefühl handeln. Hat er ausgeprägte Rückenschmerzen, nimmt er dies als Signal wahr, seine Finanzstrategie zu ändern.

Der Neurowissenschaftler Antonio Damasio, ein bekannter Bewusstseinsforscher, unterscheidet zwischen Gefühlen und Emotionen. Emotionen „sind komplexe, größtenteils automatisch ablaufende, von der Evolution gestaltete Programme für Handlungen". Sie gehen den Gefühlen voraus und äußern sich in körperlichen Reaktionen, die erst dann vom Gehirn wahrgenommen und als emotionales Gefühl definiert werden. Gefühle haben somit eher etwas mit kognitiven Prozessen zu tun, während Emotionen abgekoppelt von diesen erscheinen und uns quasi überschwemmen.

Nach Damasio kann ein „Bauchgefühl" entstehen, wenn ein emotionales Signal so stark ist, dass es zu einer partiellen Wiederaktivierung einer Emotion (zum Beispiel Furcht oder Freude) und des damit verbundenen bewussten Gefühls kommt. Dieses emotionale Signal kann vollständig unbewusst wirken. Es kann das Arbeitsgedächtnis, die Aufmerksamkeit und das Denken beeinflussen. Somit kann es eine Entscheidung auslösen, die sich an jener Handlungsweise orientiert, die in der Vergangenheit zu der besten Lösung geführt hat. „Unter diesen Bedingungen entscheiden wir uns intuitiv für eine Möglichkeit und führen sie rasch und effizient aus, ohne uns über die Zwischenschritte klar zu werden."[10]

Für die beschriebene Hypothese wählte Damasio den Begriff „somatische Marker": „Da die Empfindung den Körper betrifft, habe ich dem Phänomen den Terminus somatischer Zustand gegeben (soma ist das griechische Wort für Körper); und da sie ein Vorstellungsbild kennzeichnet oder ‚markiert', bezeichne ich sie als Marker. [...] Was bewirkt der somatische Marker? Er lenkt die Aufmerksamkeit auf das negative Ergebnis, das eine bestimmte Handlungsweise nach sich ziehen kann. So wirkt er als automatisches Warnsignal [...]

Kurzum, somatische Marker sind ein Sonderfall der Empfindungen, die aus sekundären Gefühlen entstehen. Von diesen Gefühlen und Empfindungen ist durch Lernen eine Verbindung zur Vorhersage künftiger Ergebnisse bestimmter Szenarien hergestellt worden."

Damasio unterscheidet zwei Arten somatischer Marker:
1. Der negative somatische Marker wirkt als Warnzeichen, wenn ein Zusammenhang zwischen einer früheren Erfahrung und einem bevorstehenden Ergebnis negativ ist.
2. Der positive somatische Marker wirkt als Startsignal, wenn ein Zusammenhang zwischen einer früheren Erfahrung und einem bevorstehenden Ergebnis positiv ist.

Durch die somatischen Marker wird also eine Intuition erzeugt, und diese trägt dazu bei, dass ein Problem ohne Nachdenken gelöst werden kann. Damasio erklärt aber auch, dass somatische Marker bei vielen Entscheidungsprozessen nicht ausreichen würden. Sie führen allerdings zu besseren Entscheidungen und werden meist von logischen Denkprozessen und einer abschließenden Auswahl begleitet.

Die Hypothese der somatischen Marker zeigt, dass Gedanken, Emotionen und Körper in einem Wechselprozess stehen und nicht trennbar sind. Dieses Erklärungsmodell reicht jedoch nicht aus, um zu erklären, wie Intuitionen zu Ideen oder Erkenntnissen führen können. Es zeigt allerdings, dass Gefühle an Entscheidungsprozessen maßgeblich beteiligt sind.

SPIEGELNEURONEN: MITGEFÜHL ENTSTEHT IM GEHIRN

Nicht alle Informationen werden also bewusst wahrgenommen und logisch verarbeitet. Im Gegenteil: Ein großer Teil der Informationsverarbeitung läuft unbewusst ab und wird von Emotionen, die im Körper zum Ausdruck kommen, begleitet. Deutlich wird dies auch in den sozialen Interaktionen und Beziehungen, die teils auf der bewussten, teils auf der unbewussten Ebene ablaufen.

Oft spüren wir, wie es unserem Gegenüber geht, ohne dies richtig erklären zu können: Wir erfassen intuitiv, was in dem anderen vorgeht. Wir spiegeln sozusagen sein Gefühl oder Verhalten und können seine Situation oder seinen inneren Zustand in uns erleben und mitfühlen. Der Neurologe Marco Iacoboni erklärt, dass es für diese komplexe Art von Wahrnehmung ein verständliches neurophysiologisches Erklärungsmodell gibt.

Anfang der 90er-Jahre wollte Iacoboni mit seiner Forschergruppe untersuchen, wie Affen ihre Handlungen im Gehirn planen und umsetzen. Durch Zufall machte er eine Entdeckung. Die Messung von Hirnströmen zeigte üblicherweise eine Aktivität, wenn ein Affe eine Handlung vollzogen hatte – zum Beispiel nach Nahrung gegriffen hatte. Als jedoch eines Tages einer der Forscher selbst nach einer Nuss griff, geschah etwas Unerwartetes: Bei einem Affen, der ruhig auf seinem Platz saß, wurden gerade jene Hirnregionen aktiviert, die aktiv sind, wenn er selbst nach einer Nuss greift. Die Handlung des Forschers spiegelt sich in den Nervenzellen des Affen wider. Diese Nervenzellen, die das Verhalten eines anderen im Gehirn widerspiegeln, nannten die Forscher Spiegelneuronen. Seit einigen Jahren ist dieser Mechanismus auch bei Menschen untersucht und bewiesen.

Der Hirnforscher Christian Keysers betont, dass neben dem bewussten Denken die Arbeit der Spiegelneuronen von entscheidender Bedeutung ist. So erklärt er: „Die vorbewusste verkörperlichte Simulation, die von Spiegelneuronen geleistet wird, ist möglicherweise von grundlegender Bedeutung für unsere soziale Intuition."[11] Keysers führte Experimente durch, in denen er den Versuchspersonen nicht explizit auftrug, sich in die Lage ihres Gegenübers hineinzuversetzen. Dennoch war bei ihnen ein Gefühl dafür vorhanden, wie es dem anderen geht – obwohl sie sich nicht bewusst mit ihm identifizierten. Keysers geht davon aus, dass dieser Prozess spontan und unbewusst abläuft und somit auch als eine Intuition erlebt wird.

Der Neurobiologe und Psychiater Joachim Bauer, der Spiegelung und Resonanz als wesentliche Faktoren in der Medizin und der psychotherapeutischen Arbeit versteht, erklärt: „Ohne Spiegelnervenzellen gäbe es keine Intuition und keine Empathie. Spontanes Verstehen zwischen Menschen wäre unmöglich und das, was wir Vertrauen nennen, undenkbar."

Das intuitive Erfassen, von dem Joachim Bauer hier spricht, ist das, was uns im Zusammensein mit anderen Menschen spontan Orientierung gibt. Viele Menschen sehen in dieser Erfahrung von Intuition in der Begegnung mit anderen etwas Wesentliches, was sie sich wünschen: Sie möchten besser verstanden und gesehen werden. Wenn im Gesundheitssektor Patienten befragt werden, liegt oft ein mechanistisches Weltbild zugrunde, das nicht zu einer ganzheitlichen Wahrnehmung führt. Das, was letztendlich sowohl für den Patienten als auch für den Behandler von enormer Bedeutung ist, ist ein ganzheitliches, tieferes und mitfühlendes Erfassen der Situation bzw. des Gegenübers. So weiß man aus der Kommunikationspsychologie, dass weniger der Inhaltsaspekt und die verbalen Informationen als vielmehr der Beziehungsaspekt und die nonverbalen Informationen für eine erfolgreiche Kommunikation ausschlaggebend sind. Wir erfassen auf der unbewussten Ebene wesentlich mehr, als wir denken.

Für die Intuition gibt es unterschiedliche Erklärungsansätze. Fest steht jedoch: Das Unbewusste – mit seiner außerordentlich großen Verarbeitungskapazität – und die Intuition haben ein großes Potenzial, das bei komplexen Entscheidungen und auch in zwischenmenschlichen Beziehungen genutzt werden kann. Geht es dagegen um Aufgaben, die Präzision und analytisches Denken erfordern, hilft Intuition weniger weiter. Da wir heutzutage in der westlichen Welt aber eher versuchen, über unser bewusstes Denken Lösungen zu finden, und diese im Ergebnis oft unzureichend sind, sollte der Intuition der gebührende Platz eingeräumt werden.

---

[3] vgl. Roth 2008, o. S.
[4] vgl. Dijksterhuis 2010, S. 32–34
[5] vgl. Dijksterhuis 2010, S. 145
[6] vgl. Roth 2008, o. S.
[7] Gigerenzer 2008, S. 16
[8] vgl. Gigerenzer 2008, S. 122–127
[9] vgl. Gigerenzer 2008, S. 17–20
[10] vgl. Damasio 2005a, S. 176
[11] vgl. Keysers 2013, S. 43/77

INTUITION UND TRANSZENDENZ

Alle Erklärungsmodelle, die ich in den vorherigen Kapiteln vorgestellt habe, erlauben eine Annäherung an die Intuition. Daneben gibt es weitere Ansätze, die darauf hindeuten, dass die Intuition jedoch noch weit mehr ist und wir noch weit davon entfernt sind, dieses „Phänomen" gänzlich zu erfassen.

Die Kognitionswissenschaft betrachtet Intuition als das Resultat von bewussten und unbewussten Vorerfahrungen, die im Gehirn abgespeichert sind. Doch auch dies ist nur ein Versuch, die Wirklichkeit aus einer bestimmten Perspektive zu erklären.

Nicht jede Intuition lässt sich mit diesen Erklärungsmodellen erfassen. Intuition kann auch mehr sein als die Summe von Informationen und Erfahrungen, die ein Mensch im Laufe des Lebens bewusst oder unbewusst aufgenommen und erlebt hat.

Noch immer lässt sich zum Beispiel nicht bestimmen, wie eine Vision entsteht oder woher ein Geistesblitz kommt, den ein großer Erfinder hat. Der renommierte Sozialpsychologe Ap Dijksterhuis, der sich der Erforschung des Unbewussten widmet, erklärt: „Um ehrlich zu sein, müssen wir als Psychologen eingestehen, dass wir darüber nur sehr wenig wissen."

Auch der Neurowissenschaftler Antonio Damasio räumt ein: „Angesichts unserer unvollständigen Kenntnisse über Biologie wie auch über Physik sollte man mit der Ablehnung von Erklärungsalternativen vorsichtig sein. Schließlich ist unser Wissen vom Gehirn des Menschen trotz aller Fortschritte der Neurobiologie nach wie vor sehr lückenhaft."

Der Quantenphysiker und ehemalige Direktor am Max-Planck-Institut für Physik Hans-Peter Dürr ist der Auffassung, dass die meisten Hirnforscher die Sichtweise der alten Physik vertreten und damit alles auf eine reduzierte „materiell-energetische Realität" zurückzuführen versuchen. Andere Erklärungsalternativen sind denkbar, die wir jetzt womöglich noch gar nicht erfassen können. Denn normalerweise halten wir das für „wirklich", was wir mit unserem aktuellen Wissen in Einklang bringen können. Vergessen wird dabei oft, dass es in der Natur Wirkmechanismen gibt, die wir uns noch gar nicht erklären können.

Ein Schmetterlingsmännchen wittert zum Beispiel über 20 Kilometer Distanz ein Weibchen – obwohl in der Luft keine Geruchsmoleküle vorhanden sein können. Ein Hai kann in einer riesigen Wassermenge einen Tropfen Blut herausschmecken – obwohl ein molekularer Nachweis nicht möglich ist. Doch wir können wohl davon ausgehen, dass weder Schmetterling noch Hai über magische Fähigkeiten verfügen. Unsere Erklärungsmodelle, unsere Erkenntnisse reichen noch nicht aus, um die Vorgänge, die sich dabei abspielen, zu erklären. Es gibt aber keinen Grund, ihr Vorhandensein anzuzweifeln.[12]

Die Zukunft wird sicher noch weitere Erkenntnisse über die Intuition bringen. Es liegen bereits einige neuere Ansätze aus der Quantenphysik und der Biologie vor, die ich hier nur kurz erwähnen möchte. Der britische Biologe Rupert Sheldrake, der in Cambridge Biologie sowie in Harvard Philosophie studierte und mit seiner Theorie der morphischen Felder weltweit bekannt wurde, erklärt, dass der menschliche Geist nicht auf materielle Aspekte, wie auf das Organ des Gehirns, beschränkt werden könne. Er führte Experimente durch, die zeigen sollten, dass der Geist auch außerhalb des Körpers eine Wirkung habe, und die die Existenz von Phänomenen wie Telepathie und Präkognition beweisen sollten. Er geht davon aus, dass es energetische Informationsfelder gibt, die ein kollektives Gedächtnis beinhalten.

In Experimenten ließ Sheldrake Versuchspersonen von anderen Personen anstarren, ohne dass sie wussten, wann dies geschah. Sie sollten dann sagen, wann sie es gespürt hatten. Hier lag die Trefferquote signifikant über der Zufallswahrscheinlichkeit. Ein weiteres Experiment war die Untersuchung der Telepathiefähigkeit von Haustieren. Sheldrake prüfte die Reaktionen, die die Haustiere zeigten, wenn ihr Besitzer die Absicht hatte, sich auf den Heimweg zu machen. Sobald er daran dachte, nach Hause zu gehen, bzw. auf dem Weg war, zeigten Sheldrakes Prüfinstrumente einen deutlichen Messunterschied, und zwar sogar dann, wenn das Haustier mehrere Hundert Kilometer vom Besitzer entfernt war.

Viele Berichte aus der Vergangenheit und Gegenwart zeigen, dass es immer wieder Erfahrungen jenseits des Alltäglichen gibt. Einige stelle ich in diesem Kapitel vor. Solche Erfahrungen werden gewöhnlich als übersinnlich bezeichnet. Sie gehen über das kognitionswissenschaftliche Verständnis von Intuition hinaus. Deshalb habe ich für sie den Begriff der Transzendenz, etwas, was die Grenzen von Erfahrung und Bewusstsein überschreitet, gewählt. Viele dieser Erlebnisse können in einen spirituell-religiösen Kontext eingeordnet werden. Allerdings gibt es auch zahlreiche Zeugnisse von Menschen, die ohne Zugehörigkeit zu einer Religion und ohne spirituelle Praxis solche Erfahrungen gemacht haben.

DIE MYSTISCHE ERFAHRUNG

In der Spiritualität des Ostens und des Westens wird Intuition primär verstanden als mystische Erfahrung oder ein Begreifen, das als Erleuchtung beschrieben wird und über das Alltagsbewusstsein hinausgeht.

Das Wort Mystik kommt aus dem Griechischen und bedeutet so viel, wie die Augen und den Mund zu schließen, „um eines Geheimnisses inne zu werden".[13] Diejenigen, „die den Schritt von bloßen Glaubens- und Zugehörigkeitssystemen zu tatsächlicher innerer Erfahrung" gemacht haben, nannte man Mystiker. Diesen Schritt bezeichnen manche als Erleuchtung, Erwachen, Wandlung oder Seligkeit, so der US-Franziskanerpater und Autor Richard Rohr.

Der folgende Bericht eines Meditationserfahrenen reflektiert eine solche Erfahrung: „Was ist mein tiefstes Wesen? ‚Überquellendes Licht und Liebe' [...] Schauen und das Geschaute sein. Mein tiefstes Wesen ist unwandelbar. Die Welt sehen, als würde man zum ersten Mal die Augen öffnen. Jeder Augenblick der erste Augenblick. Der Baum rauscht und der Wind kühlt mein Gesicht ... und der Zeigefinger durchdringt das ganze Weltall.

Die Dinge haben keine Namen. Ich habe das Streichholz ausgeblasen, und doch brennt es weiter. Stundenlang das mächtige tiefe Lachen, das alles erschüttert. Alle Dinge kommen aus der Leere und gehen in die Leere."[14] Wer eine solche Erfahrung gemacht hat, erlebt die Aufhebung jeglicher Dualität: Subjekt und Objekt sind eins geworden – zwischen dem Erkennenden und dem Erkenntnisgegenstand besteht kein Unterschied.

Die mystische Erfahrung ist ein radikales Aufwachen. Es ist ein Bewusstseinszustand, der über das gewöhnliche Alltagsbewusstsein hinausgeht und nicht über das Denken und unsere Sinnesorgane erfasst werden kann. Kein Traumzustand und keine Abspaltung von der Welt. Sondern in vollkommener und reiner Präsenz, in einem glasklaren Bewusstsein, ganz in der Welt zu sein. Es ist ein nichtwissendes Wissen. Eine Weisheit, die alles Wissen übersteigt und den Sinn und die Fülle des Lebens erfahrbar macht. Einer Person, die diese Erfahrung nicht gemacht hat, ist schwer darüber zu berichten. Es gleicht einem Menschen, der einem Blinden etwas über die Farben der Welt berichten will.

Eigentlich gleichen die meisten Menschen eher einem Träumenden, der ab und zu aufwacht. Wir kennen alle den Zustand des Träumens. So haben wir manchmal Träume, in denen wir auf der Suche nach etwas Bestimmtem sind oder vor etwas fliehen, oder wir haben uns verloren und suchen den Weg nach Hause. Dann kommt der Moment, in dem wir aufwachen und erfahren, dass wir schon immer zu Hause gewesen sind und alles davor nur ein Traum war. Ein Aufwachen nach dem Aufwachen ist das nach Hause Kommen in die Wirklichkeit. Der bekannte Zen-Meister Kôun Yamada äußerte sich dazu folgendermaßen: „Die wesentliche Welt kann nicht durch Nachdenken, intellektuelle Betrachtung oder philosophische Begriffsarbeit erfasst werden. Der einzige Weg dahin ist, sie durch unsere eigene lebendige Erfahrung zu erkennen."

Mystische Erfahrungen müssen Außenstehenden nicht immer besonders eindrucksvoll erscheinen. So können sie sich auch im Alltag in einer intensiven Präsenz bzw. einem klaren Erfassen einer äußeren Wirklichkeit zeigen. Dies verdeutlicht der folgende Bericht: „Ich bin 70 Jahre, aber ich hab heute zum ersten Mal in meinem Leben einen Löffel gesehen ... einfach einen Löffel ... zum Lachen, einfach einen Löffel ... nur einen Löffel!"[15]

Spiritualität oder eine mystische Erfahrung ist nicht etwas, was draußen geschieht, was von anderem trennt. Sie unterscheidet auch nicht zwischen profan und heilig. Spiritualität ist der Alltag. Und das ist auch der wahre Prüfstein, bei dem sich die spirituelle Erfahrung bewähren muss.

Die verschiedenen Zeugnisse lassen eine gewisse Einheitlichkeit mystischer Erfahrungen erkennen – trotz geografischer, chronologischer und kultureller Unterschiede. Die Erlebnisse wurden jedoch im jeweiligen kulturellen Kontext und gemäß Bildungsstand unterschiedlich interpretiert. Harald Walach, klinischer Psychologe und Wissenschaftshistoriker, sagt dazu: „Diese Erfahrung wird sodann in Mythen, in Bildern und in der kulturellen Semantik, die diesen Personen zur Verfügung steht, zum Ausdruck gebracht. Schließlich destilliert sich daraus so etwas wie eine verfasste und geglaubte Religion."

Der US-amerikanische Psychologe und Philosoph William James, der von 1876 bis 1907 Professor für Psychologie und Philosophie an der Harvard University war, stellte in seinen Forschungen folgende typische Kennzeichen für eine mystische Erfahrung zusammen:
- Unaussprechlichkeit: Der Betroffene kann das Erlebte kaum mit Worten beschreiben.
- Tiefe Erkenntnis: Die Erfahrung geht über das rational-logische Denken hinaus und ist prägend und bedeutungsvoll.
- Vergänglichkeit: Bei der Erfahrung handelt es sich meist um einen kurzen Zeitabschnitt (Minuten bis Stunden).

- Passivität: Beim Eintreten der Erfahrung fühlt sich der Betroffene inaktiv und möglicherweise wie von etwas „Höherem" gesteuert.

Diese Liste von Kennzeichen wurde später von dem Philosophen Walter Terence Stace erweitert:
1. Einheit
2. Transzendenz von Raum und Zeit
3. Eine tief positive Stimmung
4. Gefühl der Heiligkeit
5. Objektivität und Realität
6. Paradoxie
7. Behauptete Unaussprechlichkeit
8. Flüchtigkeit
9. Bleibende positive Veränderung in Einstellungen und Verhalten

VISIONEN UND OFFENBARUNGEN

Intuition im spirituell-religiösen Sinne kann sich auch als Visionen und Offenbarungen darstellen. Hier kann eine gewisse Verbindung zu den Präkognitionen (Vorahnungen; siehe Kapitel „Es gibt mehr als eine Intuition: Beispiele") gesehen werden. Erklärungsansätze dazu lassen sich unter anderem in der Analytischen Psychologie von Carl Gustav Jung, der den Begriff des kollektiven Unbewussten prägte, finden. Die theistischen Religionen verstehen unter Visionen bzw. Offenbarungen eine Art Mitteilung des Göttlichen. Dies sind Botschaften, die sich in verschiedenen Bildern, Zeichen und Gestalten und abhängig von der religiösen Prägung auch in Form eines archaischen Gottesbildes zeigen können. „Es sind Bilder, die aus der strukturlosen Tiefe aufsteigen und in Informationen und rational verstehbare Erkenntnisse fließen."[16]

Nach William James sind Erscheinungsformen des religiösen Lebens oft mit dem nicht-bewussten Teil unseres Seins verbunden. So hätten unter anderem Martin Luther oder christliche Heilige wie Bernhard von Clairvaux und andere aufgrund ihrer erhöhten Sensibilität Visionen und Offenbarungen gehabt – „sie machten alle Erfahrungen des Geführtseins".

Neben Visionen und Offenbarungen gehören auch Inspirationen in das Gebiet der religiösen Erfahrungen. Diese lassen sich vermutlich mit den zuvor beschriebenen kognitionswissenschaftlichen Erklärungsmodellen zur Intuition vereinbaren. Philon von Alexandrien (15 v. Chr. bis 40 n. Chr.), ein einflussreicher jüdischer Philosoph und Theologe, beschreibt seine Erfahrung mit folgenden Worten: „Manchmal bin ich, wenn ich leer an mein Werk ging, plötzlich erfüllt worden; Ideen regneten unsichtbar auf mich herab, wurden von oben her in mir eingepflanzt [...] Dann war mein Bewusstsein ganz vor dem Reichtum der Bedeutung erfüllt [...] einer alles durchdringenden Einsicht."[17]

Die hier beschriebenen Phänomene werden von den meisten spirituellen Lehrenden oft als Zeichen gesehen, dass die Schülerin oder der Schüler in tiefere Schichten des Bewusstseins vorgedrungen ist. Betont werden muss aber auch, dass manche spirituelle Traditionen, wie zum Beispiel Zen und Kontemplation, außersinnlichen Wahrnehmungen wie Visionen oder Telepathie keinen besonderen Wert beimessen und diese nicht nur positiv beurteilen. Im Christentum wurden solche Erfahrungen oft als Zeichen von Auserwähltsein betrachtet und waren eine Voraussetzung für die Heiligsprechung. Das Zen bezeichnet diese Art von Erlebnissen allerdings auch als Makyos, was so viel wie Teufelszeug bedeutet. Nach der Lehre des Zen (und auch nach Meinung der meisten spirituellen Lehrenden) besteht die Gefahr, dass Betroffene sich wegen solcher Erfahrungen als außergewöhnlich und sehr wichtig empfinden könnten – dies könne ihre spirituelle Entwicklung behindern: „Mit solchen Visionen und Einsprachen muss sehr vorsichtig umgegangen werden, da sie meistens nur Projektionen von im Gehirn gespeicherten Glaubensinhalten und Bilder der ‚inneren Leinwand' sind, oftmals gepaart mit persönlichen Wünschen und Hoffnungen."[18]

Zusammenfassend lässt sich sagen, dass in den Religionen und deren spirituellen Praktiken die Intuition eine große Rolle spielt. Dabei lassen sich zwei Hauptaspekte erkennen:
- Absolute Transzendenz
  Darunter wird die mystische Erfahrung (siehe oben) verstanden, bei der die Grenze der Dualität überschritten wird.
- Relative Transzendenz
  Hierzu zählen Phänomene wie Visionen, Offenbarungen, Inspirationen oder außersinnliche Wahrnehmungen wie Telepathie.

Das eigentliche Ziel ist die mystische Erfahrung. „Theistische Mystiker bezeichnen sie als Gotteserfahrung, nicht-theistische als Erfahrung höchsten Geheimnisses, etwa des Dao (Laotse)."[19] Daneben ist auch – und zwar nicht nur bei religiösen Menschen – die Intuition in Form einer Sehnsucht zu finden: „Die Sehnsucht ist die Ahnung = Intuition, dass irgendwo das ‚Paradies' ist. Dass es irgendetwas gibt, wo wir nicht getrennt von der bedingungslosen Liebe, vom tiefen Frieden, von der reinen Seligkeit sind."[20]

Östliche und westliche Weisheitstraditionen haben verschiedene Methoden entwickelt, um den Zugang zur Erfahrung von Transzendenz zu erleichtern. So wie durch Schulbildung das formelle Wissen verbessert werden kann, ist es nach Ansicht westlicher und östlicher Weisheitslehrer möglich, die Intuition zu schulen.

Doch wie kann das geschehen? Es wurden verschiedene praktische Methoden und Techniken entwickelt. Eine der zentralen Übungen, die in den verschiedenen Traditionen ausgeübt werden, ist die Schulung der Achtsamkeit. Beim Achtsamkeitstraining wird die Achtsamkeit durch verschiedene Techniken verbessert, um Potenziale, wie zum Beispiel die Intuition, zu fördern. Die positiven Wirkungen von Achtsamkeit sind inzwischen vielfältig durch Studien belegt.

---

[12] Die Information über nicht erklärbare Wirkmechanismen in der Natur entnahm ich der Patienten-Info „Anstoß zur Selbstheilung …". Ganzheitlich praktizierende Therapeuten: PAT-119 PraXervice Schulz, Köln 2015
[13] vgl. Grün 2009, S. 10
[14] zitiert nach Jäger 2003, S. 259
[15] Kontemplationspraktizierender zitiert nach Jäger 2003, S. 244
[16] vgl. Jäger 2003, S. 58–59
[17] zitiert nach James 1997, S. 470
[18] Wolf 2007, S. 113 f.
[19] Schaller 2012, S. 49
[20] Seifert, A./Seifert, T. 2006, S. 158 f.

ACHTSAMKEIT: IM HIER UND JETZT LEBEN

„Ein in der Meditation erfahrener Mann wurde einmal gefragt, warum er trotz seiner vielen Beschäftigungen immer so glücklich sein könne. Er sagte: ‚Wenn ich stehe, dann stehe ich, wenn ich gehe, dann gehe ich, wenn ich sitze, dann sitze ich, wenn ich esse, dann esse ich, wenn ich spreche, dann spreche ich …' Dann fielen ihm die Fragesteller ins Wort und sagten: ‚Das tun wir auch, aber was machst du darüber hinaus?' Er sagte wiederum: ‚Wenn ich stehe, dann stehe ich, wenn ich gehe, dann gehe ich, wenn ich sitze, dann sitze ich, wenn ich esse, dann esse ich, wenn ich spreche, dann spreche ich …' Wieder sagten die Leute: ‚Das tun wir doch auch!' Er aber sagte zu ihnen: ‚Nein, wenn ihr sitzt, dann steht ihr schon, wenn ihr steht, dann lauft ihr schon, wenn ihr lauft, dann seid ihr schon am Ziel.'"

Diese Geschichte veranschaulicht, wie sich Achtsamkeit zeigt: indem man die gegenwärtige Situation bewusst erfasst, frei von Gedanken an die Vergangenheit und die Zukunft. Es geht darum, den gegenwärtigen Moment bewusst wahrzunehmen, so wie er ist. Das hört sich leicht an, ist aber wegen der vielen Ablenkungen aus der Umwelt und in unserem eigenen Kopf schwer zu erreichen. Achtsamkeit kann als Übung und als Lebenshaltung praktiziert werden. Durch Achtsamkeit lassen sich Veränderungen im Lebensstil erreichen, Schwierigkeiten meistern sowie das Einfühlungsvermögen und die Intuition verbessern. Für den bekannten Zen-Meister und Friedensaktivisten Thich Nhat Hanh ist Achtsamkeit die Energie, die uns dabei unterstützt, in jedem Augenblick „präsent zu sein, das Leben im Hier und Jetzt zu leben".

Die Always-on-Lebensart durch Job, digitale Medien etc. und das vorherrschende Motto unserer heutigen Zeit „Immer weiter, höher, schneller" fördert sicherlich nicht die Achtsamkeit. Laut der WHO gehört Stress zu den größten Gesundheitsgefahren des 21. Jahrhunderts. Eine von der Techniker Krankenkasse durchgeführte Studie von 2016 besagt, dass mehr als 60 Prozent der deutschen Beschäftigten unter Stress stehen. Ganz oben stehen der Job und die zu hohen Ansprüche an sich selbst. Aber auch der hausgemachte Stress wie zu viele Termine und Verpflichtungen in der Freizeit gehören dazu.

So laufen die meisten gehetzt durch den Alltag und wenn sie am Feierabend und Wochenende frei haben, packen sie sich oft unnötige Aufgaben hinzu. Kommt der heißersehnte Urlaub, müssen auch hier die Tage mit allen möglichen Aktivitäten verplant werden. Wen wundert es, wenn die oben genannte Studie dann aufführt, dass die Befragten von Rückenverspannungen, Schlafstörungen und Ausgebranntsein sprechen. Die Arbeit ist nicht mehr da, aber das Hamsterrad und sie darin laufen weiter.

Stress hat viel mit unserer eigenen Interpretation zu tun. Schon der antike griechische Philosoph Epiktet erklärte, dass es weniger die Dinge sind, die uns beunruhigen, sondern vielmehr die Meinungen und Vorstellungen von diesen. Ebenso verstärken der ständige Vergleich und die hohe Außenorientierung in der heutigen Zeit das Übel. Ständig wird uns auf irgendeine Weise, und hier vor allem durch die Medien, suggeriert, was man sein und haben muss, damit man glücklich ist. Was muss ich erreichen? Was muss ich tun? Wie muss ich aussehen? Stress erzeugt bei manchen ebenfalls das Gefühl, dass man gefragt ist und sich einsetzt und somit wichtig ist. Und bei manchen dient er als Flucht vor sich selbst.

Viele Menschen haben es verlernt, einfach mal nichts zu tun, die Muße zu genießen. Man könnte auch von der Kunst des Nichtstuns sprechen. In der Achtsamkeit versuchen wir, den Blick zu erweitern und unsere Bewertungssysteme zu überprüfen. Einfach nur präsent im reinen Gewahrsein verweilen und da sein – wie wunderbar. Was zählt, ist immer nur der jetzige Augenblick. Hier findet das wahre Leben statt. Die Gedanken über das Warum und Weshalb in der Vergangenheit und die sorgenden Gedanken, die sich um die Zukunft drehen, sind letztendlich nur Fantasien unseres Geistes. Die Vergangenheit ist vorbei, und die Zukunft noch nicht da. Im wirklichen Hier und Jetzt sind wir frei. Unsere westliche Kultur ist sehr leistungsorientiert. So manches wie Angst, Depression und Burn-out ist vorprogrammiert. Der deutsche Kabelnetzbetreiber Unity Media warb mal mit dem Slogan: „Surfen war gestern, Rasen ist heute". Surfen ist doch viel schöner als Rasen. Beim Rasen verpassen wir so vieles, was um uns ist. Die Langsamkeit hilft uns mehr im gegenwärtigen Augenblick zu verweilen und uns selbst und das Leben zu spüren. Statt Quantität mehr Qualität. Das Leben in seiner ganzen Fülle auskosten und wirklich leben. Es geht ums Leben, und nicht ums Überleben.

In der Wirtschaftswelt wird hart um Erfolg und Macht gekämpft. Mitbewerber sind eher Konkurrenten, die, wenn sie mal positiv gesehen werden, bei so manchen Unternehmen als Feindbilder zum Antrieb für die eigene Entwicklung dienen. Mit dieser Einstellung treiben sie sich gegenseitig zu Höchstleistungen an. Aber zu welchem Preis?

Der neue BMW-Chef Harald Krüger ist bei einer Pressekonferenz auf der Internationalen Automobil-Ausstellung (IAA) zusammengebrochen. Dies las ich im Wirtschaftsteil von Spiegel Online. In dem Artikel stand ein weiterer Satz, der mir zu den-

Achtsamkeit: Im Hier und Jetzt leben

ken gab: Die Digitalisierung werde die Branche umkrempeln – „mehr, als wir uns das heute möglicherweise vorstellen können". Für Führungskräfte und Mitarbeiter bedeute dies: „Wir müssen an vielen Stellen schneller werden." Schneller? Mir scheint die Welt schon jetzt zu schnell zu sein. Immer mehr höre ich im Bekanntenkreis und lese in der Presse von Menschen, die durch Leistungsdruck und eigenen Ehrgeiz bis zum Umfallen arbeiten.

Statistisch arbeiten wir nicht mehr als früher. Das Leben war damals in vielen Bereichen wesentlich härter und die Menschen auf dem Land schufteten von früh morgens bis spät abends fast die ganze Woche hindurch. Was war aber anders? Das Leben war geordneter und übersichtlicher. Arbeit war Arbeit, Pause war Pause. Freizeit war die freie Zeit, und keine Zeit wie heute, in der ständig E-Mails und WhatsApp-Nachrichten beantwortet und Freundschaften in den sozialen Netzwerken gepflegt werden müssen, oder besser gesagt gepflegt werden wollen. Wie in der oben beschriebenen Geschichte waren damals die Menschen wahrscheinlich weniger zerstreut. Heute ist die Welt viel komplexer. Wir haben viel mehr Möglichkeiten und das erschwert uns oft sowohl im beruflichen als auch im privaten Bereich das Leben. Angefangen von der riesigen Auswahl an Einkaufs- und Freizeitmöglichkeiten bis hin zur steigenden Informationsmenge und -verarbeitung im Berufsleben. Früher ging man ins Kaufhaus, und wenn man Schuhe oder einen Elektroartikel brauchte, gab es vielleicht nur eine Handvoll Sachen. Heute stehen wir im Internet und in den Einkaufsgeschäften vor einer kaum zählbaren Masse an Angeboten. Das ist Komplexität im Alltag – und das macht Stress. Die Angst, etwas zu verpassen, und der dadurch entstehende Drang, ständig auf das Smartphone zu schauen, sowie das Gefühl, ständig erreichbar sein zu müssen, tun ihr Weiteres dazu. Wir wollen Karriere machen und uns selbst verwirklichen, Sport treiben und Sprachen lernen, Länder bereisen und uns weiterbilden, und dabei auch noch unsere Kinder ins Boot auf die Reise der unbegrenzten Möglichkeiten mitnehmen.

Entschleunigung und Entpflichtung sind hier die Zauberworte. Davor braucht es aber Achtsamkeit, um den eigenen Standpunkt bestimmen zu können. Dies hilft uns die Wahrnehmung für das, was wirklich wichtig ist, zu erhöhen. Das Wesentliche im Leben zu erkennen. Und das sind nicht der große Aktiengewinn, die Karriere und das Schulterklopfen der vielen Menschen, die uns aufgrund unserer gemachten Erfolge bewundern. Am Ende des Lebens werden wir uns weniger die Frage stellen, welche Karriere wir gemacht haben und wie viel wir verdient haben. Es werden eher die Fragen sein: Habe ich mein Leben wirklich gelebt? Wie stand ich in Beziehung zu anderen Menschen und welchen Beitrag habe ich für die Gesellschaft geleistet? Habe ich geliebt und war ich glücklich?

Manchmal ist es nicht schlecht, sich die Vergänglichkeit zu vergegenwärtigen und sich bewusst zu machen, dass das Leben nicht ewig ist. Somit bekommen wir eine höhere Wertschätzung für die Gegenwart, für den Augenblick. Wir sollten erkennen, dass letztendlich das Leben nur aus Augenblicken besteht. Der gegenwärtige Moment, das Hier und Jetzt, ist nicht etwas, das nur in der Übung von Meditation und Achtsamkeit erfahrbar werden kann. Die tiefere Erfahrung des Augenblicks kann auch durch viele andere Dinge entstehen. So kann es eine Erfahrung in der Natur sein, wie beim Schauen des Sonnenuntergangs, wo Raum und Zeit entschwunden sind, oder das Hören eines plätschernden Baches. Auch Extremsportler berichten von solchen Erfahrungen. Man spricht dabei von einer „Gipfelerfahrung", bei der die Ich-Losigkeit erlebt wird. Zum Bespiel beim Bungee-Jumping, dem Fall in die Tiefe, oder beim Hochwellensurfing. In so einer Extremsituation sind verständlicherweise Gedanken an die Vergangenheit und die Zukunft sowie an sich selbst nicht vorhanden.

Wenn ich in meinen Achtsamkeitskursen den Teilnehmern die Frage stelle, was sie unter Achtsamkeit verstehen, kommen Antworten wie Aufmerksamkeit, Konzentration, Bewusstsein, Wachheit, Präsenz, Erleuchtung etc. Ja, Achtsamkeit hat mit all dem etwas zu tun. Sie ist vor allem aber eine Erfahrung, die weniger auf der intellektuellen als auf der körperlich-seelischen Ebene erfahrbar wird. Konzentration ist fokussiert, hat ein Ziel und grenzt andere Aspekte aus. So ist zum Beispiel beim Rechnen der Fokus auf die Zahlen und den Lösungsprozess gerichtet und andere Aspekte werden ausgeblendet. Achtsamkeit ist ganzheitlicher, offener und lässt andere Faktoren in einer neugierigen Geisteshaltung beurteilungsfrei zu. Sie kann den Blickwinkel auch fokussieren, aber blendet dabei nichts aus. Auf dem Feld der Achtsamkeit darf alles sein, und alles wird angenommen, so wie es ist.

Das Achtsamkeitstraining bzw. die Meditation wird oft als Entspannungstraining oder eine Art Dösen verstanden. Nein, es ist kein Entspannungstraining und schon gar kein Dösen. Gerade beim ersten Punkt sind die meisten Teilnehmer in meinen Seminaren dann ziemlich überrascht, wenn ich das sage. Denn viele kommen zu einem Achtsamkeitskurs gerade deswegen. Entspannung ist dabei nur ein guter Nebeneffekt. Achtsamkeit ist auch keine Hypnose, kein positives Denken und keine Ideologie. Es geht um ein in der Gegenwart bewusstes, absichtsvolles und beurteilungsfreies Wahrnehmen der Dinge, die in mir und um mich herum geschehen. Achtsamkeit ist eine wache, bewusste und akzeptierende Haltung, die den Menschen vom Tun ins Sein bringt. In der tiefsten Form erfahren wir Gedankenstille und Transzendenz, das Einssein mit der Welt.

In der buddhistischen Tradition wurde der Achtsamkeit besonders Beachtung geschenkt und die Übung wurde nicht nur als eine Form der Aufmerksamkeit verstanden. Die Achtsamkeitspraxis wurde verfeinert, indem der Fokus differenzierter wurde. Achtsamkeit kann in folgende Formen unterteilt werden:

Formen der Achtsamkeit

a) **Achtsamkeit auf den Körper**
Die Aufmerksamkeit ist auf physische Aspekte wie Bewegung, Haltung, Atmung und Körperempfindungen gerichtet. Das heißt, wie nehme ich mich wahr? Wie ist mein Atem? Welche Körperempfindungen und Qualitäten kann ich wahrnehmen? Wie auch die Empfindungen sein mögen, gilt es, sie einfach nur wahrzunehmen, wie sie sind.

b) **Achtsamkeit auf Gedanken**
Die Aufmerksamkeit richtet sich auf die Gedanken, die zur Formung von Einstellungen, Stimmungen, Haltungen und Verhaltensweisen führen. Kann ich eine bestimmte Qualität wahrnehmen? Die Intensität oder die Länge der Gedanken? Die Gedanken können sich um alles drehen, um die Vergangenheit, die Zukunft, sie können Pläne, Vorstellungen oder

Wünsche sein. Sie können angenehm, unangenehm oder neutral sein. Nicht vom Inhalt gefangen sein, sondern die Gedanken lediglich als geistige Aktivitäten wahrnehmen.

c) **Achtsamkeit auf Gefühle**
Bei dieser Form der Achtsamkeit werden auftauchende Gefühle und Emotionen in das Feld der Aufmerksamkeit einbezogen. Ein Gefühl der Unruhe, Bedrücktheit, Sorge oder Angst oder vielleicht ein Gefühl wie Freude, Gelassenheit oder Zuversicht. Vielleicht ist auch nur eine gefühlsmäßige Gestimmtheit wahrnehmbar, etwas Subtiles. Ebenso kann Ablehnung, Beurteilung, Vorliebe oder ein Anhaften gegenüber den Gefühlen aufkommen. Wir erlauben den Gefühlen da zu sein und nehmen sie an, ohne sie zu bewerten.

d) **Achtsamkeit auf Sinneseindrücke**
Hier ist die Aufmerksamkeit auf unterschiedliche Wahrnehmungen, Interpretationen und Gedankenprozesse gerichtet, die durch die verschiedenen Sinne – z. B. beim Betrachten, Schmecken oder Riechen – hervorgerufen wurden. So kann die Aufmerksamkeit auf das Hören bzw. auf das empfangende Geräusch gerichtet werden. Es sollte nicht nach einem Ton gesucht, sondern das, was an das Ohr dringt, einfach wahrgenommen werden. Nur hören und das Geräusch beurteilungsfrei erforschen. Das können Tonhöhe und Tonlänge sein oder daraus entstandene Bilder und Assoziationen.

All diese Aspekte haben einen großen Einfluss auf unser Denken und Handeln. So entsteht durch die Sinneswahrnehmung in der Regel ein Gedanke, aus dem Gedanken ein Gefühl, aus dem Gefühl eine Körperempfindung. Ganzheitlich gesehen hat das Auswirkungen auf unsere ganze Person bzw. unser Verhalten. Durch den ersten Sinneseindruck und die Gedanken bilden sich so Handlungen, wiederholt Gewohnheiten und vielleicht auch unser Schicksal.

WAS IST INTUITION?

ANTWORTEN VON EXPERTEN

Was ist Intuition? Kann man sie trainieren, und wenn ja, wie?

Zu diesen und anderen Fragen sollen in diesem Buch weitere Experten zu Wort kommen und über ihre Erfahrungen berichten. Dazu habe ich mit fünf Personen gesprochen, die langjährige Erfahrung in der Meditation, der Achtsamkeitspraxis und anderen psychologischen und spirituellen Praktiken haben: Elke Dorothea Badur-Siefert, Gerald Grisse, Gerald Weischede, Stefan Bauberger und Sven Joachim Haack. Sie kommen aus verschiedenen Zen- und Kontemplationsschulen, die allgemein anerkannt sind und deren Wurzeln weit in die Geschichte des Christentums oder des Buddhismus zurückreichen. Aufgrund meiner eigenen langjährigen Praxis und Erfahrung mit diesen Lehren weiß ich um die Kompetenzen der ausgewählten Gesprächspartner.

Besonders wichtig war mir bei der Auswahl, dass beide Schulen die Übung der Achtsamkeit und die Transpersonalität in den Mittelpunkt ihrer Praxis stellen. Darin liegt die große Quelle bzw. das Potenzial für Intuition.

Meine Gesprächspartner sind oder waren in unterschiedlichen Berufen tätig: Sie arbeiten in den Bereichen Gesundheit und Soziales, Erziehung und Unterricht, Wirtschaft und Finanzwesen, Wissenschaft und Bildung, Religion und Kirche. Somit können sie auch ihre Alltagserfahrungen mit der Intuition schildern. Ein wesentlicher Aspekt für die Auswahl der Interviewpartner, denn einen Meister im Gebirge eines abgelegenen Ortes dieser Welt zu finden und ihn über Intuitionserfahrungen im Alltag zu befragen, wäre wenig dienlich.

Meine Gesprächspartner stelle ich auf den folgenden Seiten kurz vor.

Elke Dorothea Badur-Siefert ist Psychologische Psychotherapeutin in freier Praxis. Sie hat Ausbildungen in Integrativer Gestalttherapie (Fritz-Perls-Institut), Hypnotherapie (Milton-Erikson-Institut) und Systemischer Aufstellungsarbeit (Albrecht Mahr). Seit 1990 leitet sie unter dem Titel „Stille und Achtsamkeit" Kontemplationsseminare. Sie ist zertifizierte Kontemplationslehrerin der Weggemeinschaft Via Cordis (Franz Xaver Jans-Scheidegger). Als spirituelle Praxis übt sie das Herzensgebet. Ihr beruflicher Weg führte sie von einer Friseurlehre in eine Ausbildung als Gemeindehelferin. Nach einer Familienphase mit zwei Kindern war sie 17 Jahre als Fachlehrerin für Ernährung und Hauswirtschaft in einer Berufsschule tätig, bis sie über den zweiten Bildungsweg das Diplom in Psychologie erwarb.

Dr. Gerald Grisse ist Diplom-Volkswirt und war bis 2010 Generaldirektor der Europäischen Zentralbank. Er praktiziert seit mehreren Jahrzehnten Zen und ist Lehrer der Zen-Linie „Leere Wolke" (Willigis Jäger) sowie Assistant Teacher der japanischen „Sanbo Kyodan"-Schule. Zum Thema Zen und Management sowie Geld und Spiritualität hielt er zahlreiche Vorträge und verfasste einige Publikationen.

Gerald Weischede ist Psychotherapeut in Göttingen, Zen-Lehrer und Leiter eines buddhistischen Meditationszentrums und Autor von Büchern und Zeitschriftenartikeln. Er studierte Pädagogik, Psychologie und Soziologie an der Universität Köln und praktiziert intensiv seit mehreren Jahrzehnten Zen. 1989 erhielt er die Priester-Ordination in der japanischen Sōtō-Zen-Tradition und ist als Zen-Meister in der Linie von Shunryu Suzuki anerkannt.

Prof. Dr. Stefan Bauberger leitet als Professor für Naturphilosophie an der Münchener Hochschule für Philosophie das Institut für philosophische Grenzfragen der Physik und Biologie. Nach dem Theologiestudium promovierte er in theoretischer Physik und habilitierte anschließend in Philosophie. Als Zen-Meister und Jesuit leitet er ein Meditationszentrum und lehrt neben Zen auch die Kontemplation. Er hat Bücher über Zen sowie Philosophie verfasst. Er ist Nachfolger von Pater AMA Samy. Pater AMA ist der einzige autorisierte Zen-Meister in Indien (und zudem jesuitischer Priester).

Sven-Joachim Haack ist evangelischer Pfarrer und seit vielen Jahren als Seelsorger in verschiedenen Kliniken im Bereich der Psychiatrie, Psychosomatik, Sucht- und Psychotherapie beschäftigt. Er ist in gestalt- und transpersonaler Psychotherapie ausgebildet und hat langjährige Erfahrung in der Kontemplation, der Achtsamkeitspraxis Vipassana sowie dem Herzensgebet. Er ist Kontemplationslehrer und Beiratsmitglied in der Kontemplationslinie Willigis Jäger sowie Redaktionsleiter der Zeitschrift „Kontemplation und Mystik".

Was verstehen Sie unter Achtsamkeit?

Stefan Bauberger: Ungeteilt in der Wirklichkeit zu sein, das ist für mich Achtsamkeit. Oder möglichst intensiv in der Wirklichkeit zu sein, vielleicht ist das noch besser ausgedrückt. Dazu gehört für mich auch, dass die innere Lebendigkeit da ist.

Wenn ich es einmal abgrenze: Ich erlebe sehr oft bei Meditationskursen Leute, die unter Achtsamkeit zum Beispiel verstehen, ganz langsam zu essen. Das ist meiner Meinung nach eher ein Verträumen, aber eigentlich nicht Achtsamkeit. Achtsamkeit ist dieses Ungeteilt-dabei-Sein. Ich provoziere es manchmal und sage: „Schaut euch mal einen Hund an, wenn der frisst – er frisst wirklich achtsam, er ist ganz dabei."

Ähnlich ist es bei der Arbeit: Achtsam zu sein ist für mich nicht ein verträumtes Arbeiten, sondern eines, bei dem man dabei ist. Und wenn dann Schluss ist, ist Schluss und man macht etwas anderes. Achtsamkeit bedeutet also, dass man ungeteilt und intensiv in der Wirklichkeit ist. In erzwungenen Wartezeiten, an roten Ampeln oder an der Supermarktkasse, heißt das, dass man es aushält, auch mal den eigenen Ärger wahrnimmt, aber auch einfach da drin ist. Und dann kann auf einmal eine erzwungene Wartezeit zu einer Unterbrechung in der Hektik oder sogar zu etwas Erholsamem werden, statt zusätzlich Stress zu bereiten.

Elke Dorothea Badur-Siefert: Unter Achtsamkeit verstehe ich, dass man einfach da ist und wahrnimmt, was ist. Und immerzu wahrnimmt und wahrnimmt und wahrnimmt und nichts intendiert.

Gerald Weischede: Achtsamkeit ist aus meiner Erfahrung die Frage, womit ich mich gerade jetzt in diesem Augenblick beschäftige. Oder anders ausgedrückt: Womit ist mein Geist gerade in diesem jetzigen Augenblick beschäftigt? Es weist also immer wieder auf den jetzigen Augenblick hin und egal, was mein Geist tut, ob er über die Sinne mit der Welt in Kontakt kommt oder mit sich selbst beschäftigt ist, mit seinen eigenen Gedanken: Es geht darum, sich das einfach nur anzuschauen und wahrzunehmen, in diesem jetzigen Augenblick, und es nicht zu bewerten, nicht zu verändern und nicht einzugreifen.

Gerald Grisse: Ich verstehe unter Achtsamkeit eine Bewusstheit, die sich im täglichen Leben ständig bewähren muss. Es ist eine Erfahrung, die man selber macht: dass es so etwas gibt wie ein Erfahren des eigenen Lebens in einer gesteigerten, in einer tieferen Bewusstheit. Achtsamkeit ist für mich ein Weg, immer wieder neu in diese Bewusstheit zu kommen.

Sven Joachim Haack: Erstens verstehe ich unter Achtsamkeit ein Gewahrsein, eine innere Fühlungnahme und Verbundenheit zunächst zu mir selbst. Sie ist aber auch die Voraussetzung, sich nach außen weiten zu können und gleichmäßig Innen und Außen stabil zu halten. Achtsamkeit wäre so ein Bewusstseinszustand. Zweitens verstehe ich darunter eine formale Übung, die mir hilft, diesen Zustand zu erreichen, und drittens einen Prozess des zunehmenden Gewahrens und der stärkeren Verankerung in der Gegenwärtigkeit. So ist Achtsamkeit also Zustand, Weg, Verwandlungsprozess. Und das Vierte ist Achtsamkeit als eine Lebenshaltung, die nicht mehr bestimmte Tiefenstadien, Gewahrseinsstadien meint, nicht mehr die formale Übung, nicht mehr einen Prozess, sondern eine Alltagshaltung.

Wozu dient das Achtsamkeitstraining bzw. eine spirituelle Praxis wie Zen oder Kontemplation, wo die Achtsamkeit das Kernelement der Übung ist?

Gerald Grisse: Es nimmt dich an die Hand, es macht etwas mit dir. Es verändert etwas in dir, ohne dass du das am Anfang so recht merkst. Es ist eine Methode, innere Widerstände zu überwinden, Trägheit, Verhärtungen des Ego. Es schafft eine Kontinuität gegenüber diesem immer wieder stattfindenden Prozess der Verhärtung des Ego. Wenn du nichts tust, keinerlei Training machst, keinerlei Achtsamkeitstraining, keinerlei Zen-Training, dann wirst du automatisch wieder auf eine Stufe eines verfestigten Ego heruntergezogen.

Im Tarot wurde das als das Rolltreppengesetz bezeichnet: Wenn du kein Zen-Training oder anderes Training machst, dann ist es so, als würdest du auf einer Rolltreppe stehen, die nach unten fährt. Du kommst automatisch – früher oder später – unten an. Unten fängst du wieder an. Das Training führt dich die Rolltreppe hoch, du musst gegen die Rolltreppe, die herunterfährt, hochlaufen. Wenn du energisch genug läufst, kannst du sie überwinden und kommst oben an. Aber in dem Moment, wo du aufhörst zu laufen, fährst du wieder runter. Wir sind aufgerufen, wirklich aktiv diesen Weg zu gehen.

Elke Dorothea Badur-Siefert: Der äußere Mensch wird immer nach außen gerufen und hat in der Welt seine Aufgaben zu tun. Der innere Mensch wird nach innen gerufen und verbindet sich mit dem Tiefsten und dem Urgrund. Achtsamkeitstraining dient dazu, dass wir besser leben und auch besser sterben können, wenn wir uns mit dem inneren Menschen und diesem göttlichen Urgrund verbinden. Denn von dort aus darf alles sein, da muss ich nichts ausschließen. An dieser Stelle bin ich mit allem verbunden. Das erlebe ich nicht, wenn ich mich getrennt als diese Person denke, die ich bin. Das bin ich zwar auch, aber mehr bin ich das andere, das nach innen oder von innen ruft.

Gerald Weischede: Es ist in erster Linie eine Form, sich mit den anderen 23 Stunden und 30 Minuten zu beschäftigen, die wir nicht auf dem Sitzkissen verbringen. Mit anderen Worten, es ist eine Achtsamkeitspraxis, die sich mit den 24 Stunden des Tages beschäftigt – eben auf dem Sitzkissen, aber auch im Schlaf. Es ist sozusagen eine durchgängige Praxis, die mich von der Qualität her sehr wach macht.

Es ist nicht Aufmerksamkeit, es ist nicht Konzentration, es ist nicht Gewahr-Sein, es ist Achtsamkeit. Und das ist eine Geisteshaltung, die wir in der Regel nur sehr selten kennen. Nicht nur das: Wir haben sie eigentlich nicht eingeübt, wir kennen ja nur relativ wenige Achtsamkeits- oder Geisteszustände. Und der Geisteszustand der Achtsamkeit kommt in der Regel im Westen nicht vor. Da kommen dann so Worte wie Aufmerksamkeit, Konzentration oder Gewahr-Sein.

Was muss ein Schüler mitbringen, damit das Achtsamkeitstraining erfolgreich sein kann?

Gerald Grisse: Gar nichts, außer dem Entschluss und dem Willen. Er muss eine gewisse Entschlossenheit haben, aber keine äußeren Voraussetzungen erfüllen. Er wird sehen, dass sich ihm Hürden in den Weg stellen, die er vielleicht auf die Übung projiziert, die aber in Wirklichkeit in ihm selber sind. Dann wird er merken: Es ist eine äußere und innere Ruhe erforderlich. Die meisten werden vielleicht mit der äußeren Ruhe weniger Probleme haben und sich einen ruhigen Platz suchen können. Aber es geht darum, bei der Übung, bei dem Training innerlich zu bleiben.

Viele sagen offen: Sie finden diese Ruhe nicht. Sie können nicht still, an einem Fleck, sitzen bleiben. Daran merkt man, dass es vielleicht doch Voraussetzungen gibt. Obwohl das Training selber von sich aus keinerlei Bedingungen stellt. Du kannst dich hinsetzen auf dein Kissen oder auf einen Stuhl, du brauchst niemanden zu fragen. Du wirst aber dann sehr schnell gewisse technische Fragen stellen wollen. Aber all das, was an Technik noch dazukommt, ist nur Hilfestellung. Es sind einfach über die Jahrhunderte hinweg Erfahrungen gemacht worden, wie man am besten in die Ruhe kommt, spannungsfrei sitzt. Es hat keinen Sinn, diese Erfahrungen, die andere im Laufe der Jahrhunderte gemacht haben, wegzustoßen und zu sagen, ich mache das alles anders. Es ist aber auch in keiner Weise so, dass die Äußerlichkeit der Übung etwas bewirken würde und dass es daran hängen würde. Es gibt kein falsches Zen, nur weil du nicht auf dem Kissen sitzt, sondern auf dem Stuhl, oder weil das Kissen nicht schwarz ist, sondern beige.

Sven Joachim Haack: Er braucht einen Geschmack, eine Sehnsucht. Sehnsucht heißt ja: Ich erahne, dass da noch was ist, und das geht nur, wenn wir irgendeinen Geschmack davon haben. Eigentlich haben doch alle irgendwas, was sie auf den Weg ruft. Und es ist nicht schlecht, das wahrzunehmen. Das wäre das Erste. Als Zweites braucht es für den Weg eine gewisse Form von Disziplin, aber nicht einseitig nur das, sondern eine gute Mischung: zwischen Disziplin und Mitgefühl oder Disziplin und Freundlichkeit oder Disziplin und Barmherzigkeit oder Wärme. Mir liegt sehr viel daran, dass nicht nur die Disziplin, sondern auch die Freundlichkeit, das Gütige, Barmherzige, Mitfühlende, fester Bestandteil der Übungspraxis ist. Denn sonst scheitert die Übung, da die Menschen zwar vielleicht sehr intensiv sitzen, die Erfahrung aber nicht in ihre Persönlichkeitsdisposition integriert wird. Und das kann möglicherweise schaden, indem es die Menschen härter und gerade nicht durchlässig macht. Das Zweite ist für mich also die Balance zwischen Disziplin und Mitgefühl oder Freundlichkeit. Das Dritte ist eine personale Stabilität. Meine Erfahrung in der Psychiatrie, in der Arbeit mit Menschen mit psychischen Störungen, lehrt mich, dass es Dispositionen gibt, Seelen, Landschaften, für die Kontemplation im klassischen Sinne von Bewusstseinsvereinheitlichung oder Entleerung ungünstig ist. Ich begleite solche Menschen auch, aber dann anders. Für den wirklich strikten kontemplativen Weg braucht es auch dieses Dritte.

Elke Dorothea Badur-Siefert: Feuer, Wahrhaftigkeit, Sehnsucht, das Gefühl, das Ganze noch nicht ausgeschöpft zu haben, und das Wissen, dass es mehr gibt. Man braucht einfach ein Feuer, es muss brennen.

Gerald Weischede: Geduld und Neugierde. Er oder sie müsste neugierig darauf sein, wer sie oder er eigentlich ist oder was da eigentlich passiert. Was bedeutet es, lebendig zu sein, was bedeutet es, zu denken, was bedeutet es, einen warmen Körper zu haben, was bedeutet es, Schmerzen zu haben, was bedeutet es, Freude zu haben – so ganz ursächliche Fragen zu stellen und Lust zu haben, sich damit zu beschäftigen. Das darf auch auf der Basis sein, dass diese Person viel Leiden mitbringt oder aus Freude kommt oder aus Neugierde kommt, aber für mich braucht es etwas wie ein Ergriffen-Sein von sich selbst oder von der Neugierde.

Stefan Bauberger: Im Zen spricht man von starken Zweifeln und großem Glauben und großer Entschlossenheit. Große Zweifel – denn jemand macht viel größere Fortschritte, wenn ein starker innerer Antrieb da ist. Zum Beispiel jemand, der intensiv nach dem Sinn des Lebens sucht, aus einer Grenzsituation heraus in so eine Suche kommt.

In Japan habe ich mehrere Zen-Meister kennengelernt. Am meisten beeindruckt hat mich Harada Tangen Roshi. Er hat mir erzählt, dass er im Zweiten Weltkrieg als Kamikaze-Flieger eingeteilt war. Kurz bevor sein Einsatz stattfinden sollte, ging der Krieg zu Ende. Ihm stellte sich dann die Frage: „Was bedeutet es, dass ich lebe? Viele oder sogar die meisten, die mit mir in der Ausbildung waren, haben ihren Einsatz gehabt und leben nicht mehr. Ich lebe. Was bedeutet mein Leben angesichts der Tatsache, dass ich eigentlich schon kurz vor dem Tod war?" Das war für ihn so ein Zweifel. Wenn es eine solche Erfahrung gibt, ist die Übung viel intensiver und geht viel mehr zum Kern hin, als wenn es nur eine Wellness-Veranstaltung ist.

Ein starker Glaube: Das heißt, es muss ein grundlegendes Vertrauen in die Wirklichkeit da sein, das natürlich immer gebrochen ist. Man setzt sich ja in der Meditationsübung einfach der Wirklichkeit aus, wie sie ist. Man gibt alle Schutzmechanismen und Mechanismen der Manipulation auf. Dazu braucht man Glauben, das Vertrauen, sich darauf einlassen zu können, auf die eigene Wirklichkeit und auf die Wirklichkeit überhaupt. Und die Entschlossenheit: Die entspringt daraus.

Ist Achtsamkeit eine Fähigkeit, die jeder Mensch besitzt?

Stefan Bauberger: In einem gewissen Maße. Ich habe den Eindruck, dass oft unbewusst Menschen Meditationen praktizieren. Ich erlebe es oft bei Menschen, die mit Meditation beginnen, vielleicht aus einer gewissen Verzweiflung heraus. Oder aber aus einer gewissen Zufriedenheit heraus beginnen, denn gleichzeitig suchen sie nach mehr: Was sie in ihrem Leben gefunden haben, verweist darauf, dass es in der Wirklichkeit noch mehr gibt. Oft sind das Menschen, die ganz natürlich dort hineingefunden haben, oft sehr naturverbundene Menschen oder Menschen, die sehr selbstlos geworden sind. Diese tun sich leicht mit Meditationen – sowohl die naturverbundenen Menschen als auch die, die durch das Leben abgeschliffen und selbstlos in einem guten Sinne sind.

Man verliert sich in Musik oder wenn man etwas Schönes anschaut. Solche Momente gibt es für jeden. In der tibetischen Tradition gibt es vier oder fünf typische Situationen, in denen jeder achtsam ist. Zum Beispiel beim Niesen: Da denkt keiner nach, sondern man niest einfach. Beim Sex, sagen sie, ist man automatisch achtsam. Ich glaube, sie zählen noch ein paar Dinge auf, und da ist schon etwas dran.

Was verstehen Sie unter Intuition?

Gerald Grisse: Für mich ist Intuition ein Lauschen auf eine innere Stimme, die mir zu einer bestimmten Zeit plötzlich klarmacht, was ich tun soll. Ich habe als rational geschulter Mann einen rationalen Zugang zum Leben und ich musste lange an mir arbeiten, um die Überlagerung des ganzen Lebens mit Verstand und Denken und Wissen durchscheinend zu machen. So war die Intuition sehr lange kein Thema für mich, obwohl ich im Nachhinein sagen würde, dass ich ein Mensch bin, der doch eine gewisse intuitive Begabung mitbringt. Die habe ich aber nie gesehen, weil diese innere Stimme sich sehr oft unbewusst geäußert hat.

Intuition ist für mich eigentlich ein bewusstes Lauschen auf die innere Stimme. Ein bewusstes Lauschen, das davon ausgeht: Da ist was, was mir das schon sagen wird. Und das, was da ist, ist nicht abhängig von bestimmten Argumenten oder Ideen, sondern es ist einfach da. Und ich brauche es nicht zu hinterfragen, sondern es gibt Antworten, die in sich tragfähig sind. Und ich akzeptiere diese Antworten für mich, für mein Leben. Wie gesagt, für einen mehr rational orientierten Mann ist das schon ein etwas entfernt liegender Ansatz.

Sven Joachim Haack: Intuition ist für mich das Anzapfen einer Quelle in dem Sinne, dass es mir Zugang zu vorbewussten, unbewussten Erfahrungsbeständen und Räumen gibt, die mein personales Sein überschreiten. Meine Erfahrung ist: Es gibt ein bestimmtes Tiefungslevel in der Übung, das mich anschließt an eine Quelle, die sich aber unterscheidet von personal erworbenem Wissen. Ich könnte also nicht sagen: Das habe ich mal gelernt und nur vergessen und jetzt grabe ich es wieder hervor. Sondern es handelt sich tatsächlich um ein Anzapfen eines Bewusstseinsbereiches, der mir im Tagesbewusstsein in der Regel nicht zugänglich ist.

Intuition – und das ist für mich auch ein Kriterium – fühlt sich oft an, als wäre man im Fluss: sprudelnd und sehr leicht. Ich kann es einüben, mich dieser Quelle anzuschließen und ihr zu vertrauen.

Intuition ist für mich noch etwas anderes als Bauchgefühl – obwohl es damit zu tun hat. Aber es geht nicht darin auf. Intuition ist das, was Einstein beschreibt: dass man die wirklich entscheidenden Dinge nicht am Schreibtisch entwickelt. Man denkt also lange über etwas nach und kommt nicht weiter, und beim Duschen oder beim Schwimmen passiert es erst. Es hat zu tun mit einer Offenheit, es ist nicht mehr zweckrational zielgerichtet.

Stefan Bauberger: Unter Intuition verstehe ich einen unmittelbaren Zugang zu einer Erkenntnis – also einen, der nicht vermittelt ist oder bei dem die Vermittlung keine große Rolle spielt. In der Praxis gibt es wohl immer eine Mischung aus Vermittlung und Unmittelbarkeit.

Ich schildere ein Beispiel aus der wissenschaftlichen Praxis. Ich glaube, dass Intuition vor allem bei Mathematikern eine Rolle spielt. Es heißt, dass große mathematische Entdeckungen kaum von Leuten gemacht wurden, die über 30 Jahre alt waren. Große Mathematiker haben ihre Entdeckungen meistens in jungen Jahren gemacht, wo der Geist noch ungehemmter denkt. Ich habe selber in meinem Physikstudium, während der Diplom- und Doktorarbeit, mathematische Fragen bearbeitet und da habe ich gemerkt: Man bereitet etwas durch Studium und Lesen und Nachdenken vor, und dann entsteht auf einmal eine Idee. Die ist auf einmal da. Das ist aber dann nicht immer richtig, man muss das nachher wirklich fein säuberlich nachprüfen. Also, sogar in dem Bereich der harten und nüchternen Wissenschaft spielt Intuition eine große Rolle.

Elke Dorothea Badur-Siefert: In dem Moment, wo ich mich mit dem tiefsten Urgrund verbinde, bin ich im Kontakt mit dem tiefen Wissen. Mit einem Wissen, das ich als Weisheit oder Herzensweisheit bezeichnen würde. Das ist für mich Intuition: Ich weiß genau, jetzt stimmt es und jetzt stimmt es nicht. Und das ist wie wortlos. Oder es kommt mal so ein Satz, aber letztlich ist es ein Gefühl von Stimmigkeit.

Gerald Weischede: Was durchschimmert in diesem Wort und seiner Verwendung, ist eine Ahnung davon, dass es noch andere Geisteszustände gibt, die Einfluss auf meine Entscheidungen haben, überhaupt Einfluss auf mich haben. Das sind Geisteszustände, die nicht rational sind, die nicht dualistisch sind, die nicht etwas mit Bewusstsein zu tun haben. Und oft auch im Körper verortet sind und denen in der Regel viel Wert beigemessen wird.

Was mich interessieren würde, ist, ob die Leute sich auf ihre Intuition in der Regel verlassen können. Als mich der Begriff in meinen Zwanzigern mal interessiert hat, habe ich was ganz Interessantes gemacht, ich habe eine Woche Buch geführt und mich immer gefragt: Wie hast du diese Entscheidung jetzt getroffen? Und wenn sie rational war, habe ich sie aus Gründen getroffen, die für mich einleuchtend waren oder etwas mit meiner Erfahrung zu tun hatten. Und dann gab es auch Entscheidungen, die man intuitiv nennen könnte. Und dann habe ich geguckt, wie die über zwei, drei Monate hinweg waren. In 50 Prozent der Fälle waren sie richtig, in den restlichen 50 Prozent haben sie sich nach zwei Monaten als falsch herausgestellt. Das war meine ganz subjektive Auswertung.

Es gibt etwas, was dem Rationalen nicht zugänglich ist und Entscheidungen zu treffen hilft. Damit wird zumindest anerkannt, dass manches nicht rein rational beschlossen werden kann. Wenn ich mir die Gesellschaft angucke, ist es durchgängig keine rationale Gesellschaft, obwohl sie sich das auf die Fahnen geschrieben hat.

Die Frage ist dann: Wer oder was entscheidet eigentlich? Und wenn es keine rationale Gesellschaft ist, selbst ihren eigenen Ansprüchen nach nicht, dann wäre die Frage: Warum interessiert der Geist oder der Körperteil, der dann tatsächlich entscheidet, so wenig?

Für die Intuition gibt es verschiedene Erklärungsmodelle. Die Psychologie zum Beispiel spricht vom unbewussten Denken, welches das menschliche Handeln beeinflusst. Alternative Erklärungsmodelle zum Teil auch von außersinnlicher Wahrnehmung. Was meinen Sie dazu?

Gerald Grisse: Für mich hat es nicht mit Denken zu tun, sondern mit Wahrnehmung. Außersinnliche Wahrnehmung klingt etwas obskur für unsere Ohren, aber ich würde dazu neigen, das trotzdem als die geeignetere Definition zu betrachten. Denn ich wüsste nicht, mit welchem unserer Sinne man diese Intuition erfassen könnte. Wir sprechen zwar von innerer Stimme, und da wird vielleicht etwas gehört, was gesagt wird. Es gibt viele Beispiele für Leute, die Stimmen gehört haben, und diese Beispiele sind für mich absolut real.

Wenn ich es definieren oder beschreiben sollte, würde ich den Begriff außersinnliche Wahrnehmung als einen guten Einstieg betrachten. Denn dieser Begriff ist allgemein genug. Es war im größten Teil meines Lebens so, dass mir der Begriff der Intuition wenig gesagt hat. Ich habe ihn gekannt und hätte ihn im ganz normalen Sprachgebrauch verwendet, aber ich hätte dann an etwas gedacht, was man nicht richtig beschreiben oder definieren kann. An etwas, das ganz im Unklaren liegt. Wenn jemand gesagt hätte, ich habe eine Ahnung gehabt oder Intuition, dann hätte ich das nicht abgestritten, aber mir wäre es doch merkwürdig vorgekommen.

Es ist wohl eine Frucht des spirituellen Weges, dass man einen Zugang zur Intuition bekommt. Auf der anderen Seite lernt man durch den spirituellen Weg, dass Intuition auch ein Konzept ist. Denn wenn ich meiner Intuition folge, stellt sich die Frage: Woher kommt das, was mir diese Intuition verschafft? Oder wenn ich einer inneren Stimme lausche: Wer spricht denn die innere Stimme? Es ist eine Frucht dieses spirituellen Weges, dass diese Probleme, die mit dem Begriff Intuition verbunden sind, immer seltener auftreten und man diese Fragen für belanglos hält. Und dass sich durch die eigene Erfahrung herauskristallisiert, dass es etwas Übergeordnetes gibt, wie Bewusstsein.

Der Zen-Weg führt dahin, dass man mehr Offenheit, Durchlässigkeit erlebt und dass es nicht mehr auf den Namen ankommt: ob man es jetzt als Intuition oder als Bewusstsein bezeichnet. Da ist etwas in uns, außer uns, und es ist immer da. Und es ist dieses überwältigende Erlebnis, das ich auf dem spirituellen Weg spüre. Es geht nicht darum, dass ich eine Intuition habe, sondern es geht darum, dass ich als Mensch ständig neue Schranken aufrichte, die diesen Fluss der Intuition hemmen. Das schönste Bild dafür ist aus der Bibel. Jesus sagt, ich stehe vor der Tür und klopfe an. Dadurch können wir lernen, dass wir diejenigen sind, die die Tür schließen, wir halten die Tür zu. Und wir errichten immer wieder neue Türen. Selbst wenn da was eingestürzt ist, bauen wir das wieder auf und geben uns der Illusion hin, leider keine Intuition gehabt zu haben.

Wenn ich den Zugang zur Intuition gefunden habe, dann habe ich verstanden, dass ich diese Mauer aufrichte, diese Tür zuhalte, und dass es Zeit wird, loszulassen oder die Mauer fallen zu lassen und zu vertrauen. Und wenn dieses Vertrauen mit zunehmendem Fortschreiten auf dem spirituellen Weg noch größer wird, dann merke ich: Ich brauche nicht mehr, es passiert etwas, wie Intuition, aber ich suche sie nicht. Erst recht suche ich sie nicht verzweifelt, sondern ich lasse einfach geschehen, was geschieht. Und ich weiß, dass da etwas ist, eine höhere Wirklichkeit, die vor Himmel und Erde steht, eine höhere Wirklichkeit, die alles durchdringt, alles beeinflusst. Und ich lasse einfach meine Illusionen los. Meine Illusion, ich müsste in meinem Leben etwas ganz Bestimmtes tun. Ich müsste etwas erreichen, was mir entweder von außen gesagt worden ist oder was ich selbst entwickelt habe. Ich werde offener für das, was da ist und was ist. Und dann findet ein Prozess statt, der mit dem Ausdruck „Intuition" eigentlich nur sehr vage beschrieben ist.

Stefan Bauberger: Als Wissenschaftler bin ich gewohnt, mit Modellen zu denken, und als Wissenschaftstheoretiker würde ich sagen: Das ist ganz normal, dass es verschiedene Modelle gibt. Aber keines erfasst die Wahrheit ganz.

Das mit dem unbewussten Denken würde ich so sehen, denn ein Großteil unseres Denkens ist unbewusst. Das merkt man beim Meditieren, wenn einem zugänglich wird, was man unbewusst denkt, und man den Eindruck hat, man denkt ja furchtbar viel. Und es gibt natürlich eine Verdrängung dieses unbewussten Denkens, die notwendig ist, denn sonst könnte man gar nicht leben. Intuition ist vielfach der Zugang zu dem, was da eben unbewusst denkt.

Gleichzeitig würde ich sagen: Dieses Unbewusste ist natürlich auch näher verbunden mit anderen Wirklichkeiten. Was auch immer das sein mag. Das, was man als außersinnliche Wahrnehmung ansieht, sind meiner Meinung nach seelische Phänomene. Auch wenn ich mich damit bei harten Naturwissenschaftlern ins Abseits begebe: Ich erlebe selber Phänomene und kenne viele Menschen, die Phänomene erleben. Das ist nicht einfach materiell, sondern das sind seelische Phänomene. Unsere Seele tritt in Verbindung mit anderen Wirklichkeiten.

Ich finde ein Schema sehr wichtig, wenn es um Meditation geht. In Indien gibt es eine Unterscheidung von drei Ebenen: die materielle Ebene, die seelische Ebene und die eigentlich religiöse Ebene. Das, was eigentlich die letzte Intuition ist, diese Intuition des Göttlichen oder von Leerheit, wie man im Zen sagt, ist nicht auf dieser seelischen Ebene, sondern das ist etwas anderes. Wenn sich durch Meditation die seelische Ebene erschließt, ist das so faszinierend und reich, dass manchmal Menschen dort stehen bleiben und das für das Letzte halten, aber das ist eine Verwechslung. Die letzte religiöse Intuition passt in keines dieser Modelle, sondern es ist ein Erfasstwerden von der absoluten Wirklichkeit. Also nicht ein „Ich erfasse", sondern „Ich werde erfasst".

Sven Joachim Haack: Für mich sind außersinnliche Wahrnehmungen und psychologische Konzepte kein Widerspruch. Das hängt aber von dem grundsätzlichen Modell ab. Mein grundsätzliches Modell ist, erstens – und das ist ja gute Tradition in der Mystik und in der Kontemplation, auch gute biblische Tradition: Das Ganze sehen wir sowieso nicht. Das ist der Sinn des Bilderverbots. Wenn wir irgendwas mit dem Ganzen identifizieren, können wir sicher sein, das es das bestimmt nicht ist. Dietrich Bonhoeffer sagte, den Gott, den es gibt, gibt es nicht.

Das bestimmt aber auch mein Wirklichkeitsverständnis in anderen Kontexten. Ich kann ein Phänomen aus unterschiedlichen Perspektiven betrachten. Dann kommt es darauf an, welche Brille ich aufsetze. Ich kann eine psychologische Brille aufsetzen, kann dieses Konzept hervorheben und dann über ein Modell zum Beispiel von jungscher Psychologie und Verständnis von archetypischen Bildern der Intuition einen bestimmten Platz zuweisen. Ich kann das auch aus einer eher freudschen Perspektive oder der Ebene außersinnlicher Wahrnehmung sehen. Das sind für mich nur unterschiedliche Konzepte, die das, worum es geht, nicht zu 100 Prozent abdecken, sondern nur dieses Phänomen Intuition zu beschreiben versuchen. Deshalb würde ich es nicht gerne als Gegensatz konstruieren.

Können Sie eine berufliche oder eine private Situation schildern, bei der die Intuition bei Ihnen besonders ausgeprägt war?

Sven Joachim Haack: Es klopft an der Tür, ich mache die Tür auf, es steht jemand draußen. Auf der äußeren Ebene, verbal, bittet diese Person, ein Mann, um einen Gesprächstermin. Ich selbst fühle mich von ihm quer durchs Büro aus der Tür herausgeschoben, obwohl er überhaupt nichts tut – er steht nur da, nicht übergriffig, nicht ganz nah, sondern in angemessenem Abstand. Ich bin meinem Impuls nicht gefolgt, ich habe ihm einen Termin gegeben und habe aber geforscht, was das sein könnte. Was war es, das das in mir ausgelöst hatte? Da wurde mir deutlich, dass von ihm eine Gewaltausstrahlung ausging, und darauf habe ich reagiert. Obwohl er mir gegenüber sehr nett, freundlich, verbindlich und angemessen war. Gut, an der Kleidung waren Nieten und so, aber das war es schon.

Auf der nächsten, tieferen Ebene konnte ich wahrnehmen, wie es lebensgeschichtlich mit mir zu tun hat: Gewalterfahrung. Das ist nicht mehr reine Intuition, sondern schon ein bewusstes Forschen. Spannend war, dass sich in diesem Begleitungsprozess, der über eine ganze Weile ging, herausstellte, dass der Mann wirklich dieses Gewaltthema in sich trug. Er hat von vielfältigen Gewalterfahrungen berichtet. Er hatte auch Albträume, wurde wegen Schlafstörungen behandelt. Es zeigte sich, dass diese Träume letztlich mit einer früheren Erfahrung zu tun haben. Als Jugendlicher ist er sehr früh von der Gewalt zu Hause abgehauen, ist dann Schiffsschlosser geworden, mit 16 zur See gefahren und dann in den afrikanischen Bürgerkrieg geraten, damals als DDR-Bürger. Dort wurde ihm befohlen, unter Deck zu bleiben, und er erlebte, wie am nächsten Tag Leichen und Leichenteile am Schiff vorbeischwammen. Es war für ihn verwirrend, dass die eigentlich Guten, nämlich die sozialistischen Brüder, für das Massaker verantwortlich waren. Als er zurückkam, hat er mit seinem Vater darüber gesprochen, der im Zweiten Weltkrieg gewesen war, und der hat gesagt: Stell dich nicht so an. Damit war das Tor zu. Das war es, wovon ich am Anfang etwas gespürt hatte. Das war mein innerer Faden in der Begegnung. Und da gibt es einen Teil, der bei mir liegt, mit meiner Geschichte zu tun hat. Und einen anderen, der mit diesem Mann zu tun hat. Und das, was ganz unten liegt, ist die Frage, wie das überhaupt mit Gewalt und Ohnmacht und Ausgeliefert-Sein ist, im existenziellen Sinne. Das ist geboren aus dieser ersten Intuition.

Gerald Grisse: Ich habe eine Situation erlebt, die sich zu erzählen anbietet. Für mich hat – wie für die meisten Menschen und speziell für die meisten jungen Männer – der Beruf eine wichtige Rolle gespielt und ich habe auch das erfahren, was sehr viele erfahren: dass man im Beruf irgendwann an eine Grenze kommt, wo man unzufrieden ist und sich eine persönliche Krisensituation ergibt. Man sagt sich, ich müsste eigentlich noch weiterkommen auf dieser Karriereleiter, ich bin gehindert worden oder ich bin an einem Punkt stehen geblieben, an dem ich schon lange hätte vorbeigehen sollen. Es ist unklar, wie es weitergehen soll.

Man fühlt sich zu Höherem bestimmt, aber das sieht der Arbeitgeber nicht ein. Bei mir war es so, als ich Mitte 30 war. Ich habe damals Urlaub mit meiner Familie gemacht und versucht, diese Blockade zu überwinden. Ich wusste nur nicht, wie. Ich hatte damals eine Kassettensammlung mit einer Serie von Seminarvorträgen von einem Pfarrer. Die habe ich gehört, und ich hatte auch ein Buch von Silvia Wallimann, einer Schweizer Seherin.

Ich habe mir also in diesem Urlaub die Kassettensammlung angehört und dieses Buch gehabt und mich nach einer Woche Grübeln entschlossen, all dieses Grübeln loszulassen, all dieses Denken, all dieses Strampeln nach Fortschritt in meinem Beruf, und es einfach in höhere Hände zu geben. Ich habe das damals in eine äußere Form gekleidet, denn ich bin nämlich auf einen schönen Gedanken verfallen: Wenn ich das jetzt loslasse und in höhere Hände, die ich nicht kenne, gebe, dann wäre es schön, eine Gebetsformel zu haben, um mit dieser höheren Macht, die ich nicht kenne, umzugehen und sie anzureden.

Da kam mir in den Sinn: Warum eigentlich nicht dieses Buch, diese Gebete von Silvia Wallimann verwenden? Denn beim Lesen dieser Gebete habe ich gespürt, dass sie besonders kraftvoll sind. Ich habe mir dann ein Gebet zurechtgelegt, das war so 10, 12, 15 Zeilen lang und bestand aus Fragmenten dieser Gebetsformeln. Das war mein eigenes Gebet. Ich habe es mir auf ein Blatt Papier geschrieben, hinterher sogar auf einen Karton und das noch mal in Plastik gewickelt, sodass ich es permanent bei mir tragen konnte. Dieses Gebet habe ich am Tag vielleicht zehn Mal, vielleicht noch öfter gesprochen.

Nach diesem Urlaub und dem Entschluss und dem Sprechen dieses Gebets hat es noch ungefähr eineinhalb Wochen gedauert, bis ich meine berufliche Situation radikal verändert habe. Ich bekam nämlich im wahrsten Sinne des Wortes einen Anruf von oben. Ich sollte mal zu einem Gespräch kommen, es wäre eine Vakanz entstanden. Das war für mich der Start zur Karriere. Und es war interessant für mich, dass das so schnell kam. Und dass es aus einer Ecke kam, an die ich überhaupt nicht gedacht hätte.

Ich habe auch hinterher mehrfach erlebt, dass das eigentlich typisch ist für die menschliche Situation und speziell für rational orientierte Männer: Sie schätzen ihre Situation total falsch ein, weil sie davon ausgehen, dass sie sie umfassend analysiert haben, rational, und deshalb wissen, dass es keinen Ausweg gibt. Es ist geradezu der Schlüssel zu solchen Situationen, dass der Betreffende sich selber die Auswege versperrt, weil er zutiefst davon überzeugt ist, die Situation erfasst zu haben. Deswegen ist er ja gerade frustriert. Und wenn sich hinterher ein Ausweg bietet und es im Positiven endet, ist es, als käme es aus einer anderen Welt. Oder als würde sich diese Welt öffnen, aufbrechen. Da genau ist das Element, das mit dem Begriff Intuition gemeint ist: Da kommt etwas, was für meine jetzige Welt vollkommen neu ist. Es kommt von außen her, ist plötzlich da. Und vorher habe ich es mir selbst versperrt.

Gerald Weischede: Ja, bei der Auswahl meiner Lehrer. Ich habe Lehrer nicht nur danach ausgesucht, ob sie in den Rahmen passen, wo ich eine Ausbildung machen wollte, sondern ob ich von denen was lernen möchte, als Person. Und Sie können das intuitiv nennen, Sie können sagen, das war intuitiv, können auch sagen, das war von Herz zu Herz. Es war einfach so, von der Person möchte ich was lernen. Und ich bin einmal durchgegangen, das Thema tauchte ab und zu mal auf, und ich habe durchgängig, wenn ich die Wahl hatte, die Lehrer danach ausgesucht. In der Schule war es nicht möglich, aber es fing an der Hochschule an und in der Psychotherapieausbildung, in den Ausbildungen und dann im Zen. Hat mich die Person interessiert, hat sie mich herzlich, vom Herzen her angesprochen, wollte ich von ihr etwas lernen, wenn nicht, hat sie mich nicht interessiert. Und damit bin ich ganz gut gefahren. Es hat ein paar Schlenker gegeben, weil es nicht geradlinig war, aber es war sehr, sehr interessant, so zu lernen. Es war ganz unterschiedlich, das Gegenteil dessen, was mir immer vorgesetzt wurde, bis ich aus der Schule war, da hatte ich ja überhaupt keine Wahl. Und dann habe ich nur geguckt, welche Person interessiert mich denn, wo habe ich eine intuitive Herzensbeziehung, der Bauch hat was gesagt. Und das mache ich immer noch so.

Stefan Bauberger: Im Zen gibt es ritualisierte Einzelgespräche, die sehr knapp und sehr kurz sind und in einem ritualisierten Rahmen stattfinden. Und eigentlich bemühe ich mich, als Meditationslehrer, da wirklich aus einer gewissen Versenkung heraus die Leute zu empfangen. Man nimmt unglaublich viel wahr an der Art, wie sie die Tür aufmachen und sich hinsetzen und so weiter. Und dann reagiert man darauf irgendwie. Das ist manchmal ganz schnell unterbrochen, wenn die Leute gleich viel reden, dann ist das schon wieder kaputt, aber manchmal gelingt es.

Ich erzähle mal von einer solchen Situation. Eine Frau, die lange bei mir war, hatte Krebs und war sehr depressiv. Es hat sich ewig hingezogen, auch der Krebs, es war ein langes Sterben. Ein knappes Jahr, bevor sie wirklich gestorben ist, hat sie mal wieder nur geklagt, als sie da kam, und irgendwie hat es mich gepackt. Es war völlig unprofessionell, aber ich habe ihr gesagt, sie soll aufhören zu klagen und schauen, was sie jetzt noch für andere tun kann, solange sie noch lebt. Das darf man eigentlich nicht mit Depressiven machen. Sie war so dankbar dafür, das war unglaublich. Sie kam dann noch mal, ein paar Monate später, und hat wirklich ihr Leben vor ihrem Tod verändert. Ich hatte einfach so reagiert, also auf das gehört, was ich empfinde.

In welchen Situationen gibt es Intuition oder kann sich die Intuition grundsätzlich auf alles beziehen? Also zum Beispiel auch auf vollkommen fremde Situationen?

Gerald Grisse: Sie kann sich sicher auch in vollkommen fremden Situationen ereignen, wenn wir sie zulassen. Wir haben normalerweise mehr als genug damit zu tun, Intuition in einem ganz begrenzten Bereich zuzulassen: nämlich in dem Bereich, von dem wir glauben, dass sich dort unser Leben abspielt. Wir sind davon überzeugt, dass unser Leben immer so etwas wie eine Front hat. An der Front wird gerade gekämpft. Und dann gibt es vielleicht noch ein oder zwei andere Fronten, aber da ist im Moment Ruhe. Es geht darum, jetzt an einer bestimmten Front das und das zu machen. Das ist eine Einengung, die wir selber vornehmen. Aber vielleicht schaffen wir es trotzdem, für diese spezielle Situation, Intuition zuzulassen. Es würde uns nie in den Sinn kommen, dass wir plötzlich eine Intuition haben, die eine völlig andere Situation betrifft.

Wenn man die Kraft der Intuition erfahren und die Wirkung zugelassen hat, dann kann durch diese neu gewonnene Liberalität oder Freiheit die Intuition anders fließen. Und man kann vielleicht, ohne dass man sich dessen bewusst ist, eine innere Freiheit gewinnen, die dann auch Eingebungen zulässt, die total andere Situationen betreffen. In der üblichen Lebenssituation ist es eine ganz große Errungenschaft, vielleicht ein oder zwei Mal in Schlüsselsituationen loszulassen vom eigenen Denken, von der rationalen Orientiertheit, die wir permanent haben, und eine Intuition zuzulassen und ihr zu folgen. Das ist schon ganz, ganz viel.

Aber ich weiß auch, dass es intuitive Menschen gibt, die Zugang zu einem höheren Bewusstsein haben. Für diesen Zugang gibt es ganz unterschiedliche Ebenen oder unterschiedliche Möglichkeiten, die dem normalen Menschen alle versperrt sind. Solche Menschen haben Einsichten, Intuitionen zu beliebigen Situationen.

Vielleicht ist die Frage sogar noch eng formuliert – da sie nur zwei Kategorien unterscheidet: Situationen des normalen Lebens oder eine Intuition, die ganz andere Dinge betrifft. Aber es gibt noch viel mehr: Eingebungen über grundlegende Weltzusammenhänge und eine grundlegende Sicht der Dinge, die nicht nur aus einer anderen Situation herauskommt, sondern weit über das hinausgeht. Und jeder kann sie haben. Ich würde heute sagen, wir sind alle in der Lage, solche höheren Intuitionen zu haben. Sie liegen uns nur nicht nahe. Nahe liegt uns der Zweifel. Nahe liegt uns die Erdung. Und Erdung ist ja auch ein positiv besetztes Wort.

Aber es gibt ja auch eine Schattenseite der Intuition. Wir sind ja nun mal auf dieser Erde und leben in dieser dualen Welt. Und es ist sicherlich nicht Ziel unseres Lebens, diese Welt zu verlassen und uns aufzulösen im Nebulösen. Wenn ich das mit dem Begriff Intuition zusammenbringe, dann sind wir alle aufgerufen, uns in diesem Leben durch geistige Anstrengung und auf einem spirituellen Weg der Intuition zu öffnen. Es geht darum, sich durch systematische Anstrengungen oder durch Gehen des spirituellen Weges einen neuen Zugang zum Leben zu erschließen. Und wenn Menschen, die diesen spirituellen Weg nicht gehen, plötzlich damit konfrontiert sind, dass sie einen Zugang haben, dann sind sie in einer großen Gefahr. Weil sie nämlich über einen Zugang verfügen, aber noch nicht über die geistige Reife oder die Persönlichkeitsreife, um damit richtig umzugehen. Es ist insoweit unendlich weise angelegt in unserem Leben, dass wir langsam in diese Situation der Intuition hineinwachsen und sie erst dann richtig nutzen können, wenn wir das hundertprozentige Vertrauen haben, dass uns da etwas gegeben wird, was wir beruhigt nehmen können und worauf wir uns verlassen können.

Sven Joachim Haack: Ich glaube, dass dieses Tor jederzeit aufgehen kann. Und es scheint so zu sein, dass in existenziell zugespitzten Situationen wie Krieg, bedrohlichen Erkrankungen, Unfallsituationen etwas aufgeht – genau an dieser Grenze, wenn ich kapituliere. Kapitulation kann eine besondere Rolle spielen als Voraussetzung für Heilung und Genesung. Dieser Moment des Loslassens, des Sich-Überlassens, wenn man sich nicht mehr über Konzepte absichert.

Entscheidungen können auch das Ergebnis von automatisierten, unbewusst ablaufenden Prozessen sein. Gibt es einen Unterschied zwischen der Intuition und einem unbewussten Impuls, der möglicherweise aus einer Expertise bzw. einer Vorerfahrung resultiert?

Sven Joachim Haack: Das ist die hohe Kunst christlich gesprochener Unterscheidung der Geister. Und die ist schwer. Ich glaube, dass Intuition nicht völlig erfahrungsfrei ist. Vieles scheint darauf hinzudeuten, dass es in tiefen Dimensionen eine Prägung gibt, und diese hat mit Erfahrung zu tun. Deshalb glaube ich, beides lässt sich nicht vollständig trennen. Diese Erfahrungen sprechen eher dafür, dass es immer noch eine Färbung gibt. Und das würde ich auch für die Intuition so wahrnehmen.

Ich möchte hier das Beispiel von Einstein bringen, für den die Intuition eine große Bedeutung hatte. Die spannende Frage ist: Wären ihm seine Erkenntnisse auch ohne Bemühung zugefallen? Ich glaube nicht, denn auch die Intuition braucht einen Ausdruck, wie auch die spirituelle Erfahrung, die nonduale Erfahrung, wenn ich sie transportieren will, einen Ausdruck braucht. Wenn Einstein die mathematische Nomenklatur nicht gekannt hätte, hätte er auch die Intuition darin nicht zum Ausdruck bringen können. Die Formel ist ja nicht vom Himmel gefallen, sondern die Grundbedeutung der Buchstaben war vorher festgelegt. Es braucht also diese Ausdrucksform und diese vorherige Expertise. Sonst hätte Einstein das nicht ausdrücken, für die Fachwelt verständlich ausdrücken können. In dem Moment, wo wir die Intuition ausdrücken durch eine Gebärde, also vorsprachlich oder sprachlich, braucht es eine vorherige Expertise.

Ich glaube, es gibt Dinge, die sehr stark expertisen- und konzeptgeleitet und wissensintuitiv angehaucht sind, und das gibt es wahrscheinlich auch in unterschiedlicher Dosierung. Unterschiedliche Traditionen haben dafür sicher unterschiedliche Sprachstile. Was ist es denn, wenn Hildegard von Bingen sagt: „Und ich sah ein großes Licht und die Stimme sprach zu mir"? Sind Visionen von Intuitionen abzugrenzen, und wenn ja, wie? Ich glaube, dass die Vorerfahrung eine kulturelle Einbettung braucht. Hätte jemand in Tibet so etwas gesehen, hätte er es ganz anders beschrieben – auch wenn es möglicherweise dasselbe Licht und dieselbe Stimme gewesen wäre.

Gerald Grisse: Ja, da sehe ich einen großen Unterschied. Die meisten Menschen haben sicher so etwas wie Vorerfahrung. Auf einem bestimmten Gebiet kennen sie sich besonders gut aus. Da wissen sie so gut Bescheid, dass frühere Erfahrungen direkt verfügbar sind, wenn eine neue Situation auf sie zukommt. Sie können sie auf die neue direkt anwenden und sind sich manchmal gar nicht bewusst, worin der Unterschied liegt zwischen ihrer Vorerfahrung und einer Intuition. Jemandem, der Zeuge einer solchen Situation wird, kommt es fast vor, als würde der andere intuitiv handeln. Das würde ich aber nicht als Intuition bezeichnen. Den Begriff Intuition würde ich immer nur auf Situationen anwenden, die neu sind, nicht für solches Erfahrungswissen.

Es gibt ein sehr interessantes Buch von Somerset Maugham: „The Razor's Edge", also „Die Rasierklinge". Es zeigt einen Helden, der ins Hier und Jetzt kommen will – an die Frontlinie des Lebens. Denn er weiß, da ist etwas, da spielt sich mein Leben gerade ab – und das will ich erfahren. Und ich glaube, diese Frontlinie, wo das Leben jetzt gerade ist – genau das ist der Raum, in dem sich die Intuition abspielt.

Das, was ich vorher beschrieben habe, dieses Handeln aus Erfahrung, ist nicht dasselbe wie erleuchtetes Handeln an der Frontlinie. Oft sind wir wie mit verbundenen Augen an dieser Frontlinie unterwegs. Wir tappen im Dunkeln und zum Glück gibt es Vorerfahrungen, die uns ermöglichen, selbst mit verbundenen Augen das Richtige zu tun. Da sind wir aber noch lange nicht bei Intuition.

Gerald Weischede: Die Intuition bündelt genauso wie eine analytische Beschreibung einer Situation immer meine gesamte Lebenserfahrung. Die Frage ist: Kann ich dieser gebündelten Lebenserfahrung trauen oder nicht? Mein ganzes Leben bündelt sich in diesem Augenblick, jetzt, wo wir hier sitzen, und in meine Reaktion ist das alles eingeschlossen. Die andere Frage ist: Ist die Reaktion situationsangemessen, adäquat, oder geht sie komplett vorbei? Und es kann sein, dass sie durch automatische, unbewusste Impulse komplett an der Situation vorbeigeht – eben weil es automatische Impulse sind, automatische Mechanismen, die getriggert sind durch Assoziationen, die dadurch ausgelöst werden, dass sie was sagen. Dann wird auf die Assoziation reagiert und nicht auf das, was sie sagen. Das hat mit der Situation gar nichts zu tun, sondern mit meiner inneren Situation. Die buddhistische Praxis stellt sich ja immer wieder die Frage: Was ist die jetzige Situation und bin ich in dieser jetzigen Situation, in diesem Augenblick und reagiere ich der Situation entsprechend? Begegne ich jemandem, ist die Frage: Begegne ich der Person oder begegne ich dem Bild, das ich mir von dieser Person mache? Das sind zwei verschiedene Situationen, und ich tue dem Gegenüber völlig unrecht, wenn ich auf das Bild reagiere, auf meine Assoziationen. Ich bin dann überhaupt nicht da im jetzigen Augenblick, sondern befangen in meinen Reaktionen. Da sagt die Achtsamkeit: Stopp, halt einen Moment inne. Und das lernen wir auf dem Sitzkissen, da kommt eine Reaktion, ich reagiere nicht darauf. Dann lerne ich, auf meine Impulse erst einmal nicht zu reagieren. Da kommt eine erste Assoziation, ich sehe sie an der Tür da hinten, da kommen ganz viele Assoziationen und ich nehme sie wahr und lasse sie einfach stehen. Es gibt eine Situation, wo das immer als Muster abläuft. Fühle ich mich wohl oder nicht, angenehm oder unangenehm? Wenn es angenehm ist, entspanne ich mich und dann trete ich völlig anders in den Kontakt. Wenn es unangenehm ist, spanne ich mich leicht an und habe wieder einen anderen Zugang. Wenn ich wahrnehme und sage, ich fühle mich wohl oder nicht, das sollte ich vielleicht ändern, was kann ich tun – dann sorge ich sofort für mich und die Situation.

Gibt es ein sicheres Anzeichen für die Intuition? Wie konkret ist sie?

Sven Joachim Haack: Das ist ein bisschen wie die Frage nach dem TÜV: Was sind die Kriterien, um das zu sortieren? Aber die Frage ist sehr wichtig. Ein Kriterium ist sicher, ob ich es erklären kann. Kann ich im Nachhinein die Intuition erklären? Wenn ich mit Abstand darauf schaue, fällt mir dann noch eine Erklärung ein, gibt es Zusammenhänge, die ich dann entdecke, auch wenn es meinem ersten Erleben vielleicht gar nicht entspricht? Das Zweite wäre: Intuition hat mit gleichzeitiger Unbefragbarkeit zu tun, sie ist verbunden mit einem Gefühl der Zustimmung. Andererseits gibt es Situationen, in denen man lange ringt, bis man sich dem anvertraut. Wahrscheinlich gibt es eine ganze Reihe von Intuitionen, die wir einfach abbügeln. Und auch die, die wir vielleicht wahrnehmen, nehmen wir dann oft nicht ausreichend ernst und übergehen sie. Möglicherweise hat das auch selbstschädigende Töne, der inneren Weisheit auf Dauer zuwiderzuhandeln und sie zu ignorieren.

Es hat also zwei Seiten, im Moment des Erlebens erscheint es eindeutig, doch hinterher hält man es vielleicht nur für einen sentimentalen Augenblick, nimmt es nicht mehr so ernst. Ich glaube, dass es deshalb auf dem Schulungsweg darum geht, Vertrauen zu lernen. Doch diese Unterscheidung ist wirklich nicht leicht. Die Wüstenmütter und Wüstenväter im Beginn christlicher Spiritualität haben großen Wert auf die Gabe zur Unterscheidung der Geister gelegt. Deren Voraussetzung war das jahrelange klärende Alleinsein in der Wüste, das Ausgesetztsein, die tiefe Selbsterforschung, und etwas, was bis hin zur Leidenschaftslosigkeit geht – dass man Leidenschaften und Seelenbewegungen nicht mehr ausgeliefert ist, sondern sie erkennen und steuern kann. Unbewussten Mustern nicht mehr unterworfen zu sein, ist eigentlich die Voraussetzung, um Intuition prüfen zu können. Um merken zu können: Was ist Projektion, was ist Muster und was ist Intuition? Und auf dem Schulungsweg wird das gefördert. Nur weil ein Einfall absurd ist, ist noch nicht unbedingt gewährleistet, dass das Intuition ist und mich mit tieferen Dimensionen meiner Lebenskraft verbindet.

Gerald Grisse: Ich glaube, da kann man keine Regeln aufstellen. Es gibt die unterschiedlichsten Formen der Intuition. Bei manchen Menschen nimmt sie eine glasklare Form. Andere entscheiden sich erst mit letzter Kraft oder im letzten Augenblick, ohne dass sie einen Grund dafür wissen, in bestimmte Richtungen, und haben dann doch Intuitionen in ihrem Leben umgesetzt. Und das ist fast immer die Form, in der die Menschen der Intuition folgen. Die glasklare Form ist sehr selten. Doch es ist eigentlich sekundär, welche Form es annimmt.

Das Interessante liegt darin, diesem merkwürdigen Zusammenklang nachzuspüren zwischen dem vagen Charakter der Intuition und der Tatsache, dass viele oder sogar alle Menschen schon mal etwas erlebt haben, was in diese Richtung weist, ohne dass sie es genau beschreiben können.

Elke Dorothea Badur-Siefert: Wenn ich wirklich mit diesem Fluss des Lebens in Kontakt bin, mit dieser Weisheit, mit dieser großen Weite des Herzens und dieser Herzensweisheit, dann fühlt es sich immer weit und liebend an. Daran kann ich das erkennen. Immer dann, wenn es sich nicht mehr verbunden anfühlt, dann ist es aus meiner Sicht nicht Intuition, dann ist es so ein Ego-Ding oder eine alte mechanische automatische Reaktion.

Intuition ist ziemlich konkret – ich weiß konkret, was jetzt zu tun ist. Manchmal schreit mein Ego: Nein, das kannst du doch jetzt nicht durchlassen. Aber letztlich weiß ich, dass es für mich und die Welt und aufs Ganze gesehen einfach besser ist, das fließen zu lassen. Nur bin ich ja kein Engel, ich bin ein Mensch, also darf mein Ego ab und zu auf den Tisch springen und sagen: Nein, so geht das jetzt überhaupt nicht. Und ich kann gut erkennen, ob das jetzt mein kleinliches Ich ist, das ab und zu einfach zu seinem Recht kommen will. Und das gestehe ich dem auch zu.

Stefan Bauberger: Keine Intuition ist sicher, kein Wissen ist jemals sicher im ausdrücklichen Sinne. Es gibt natürlich etwas wie eine letzte innere Sicherheit, auf jedem spirituellen Weg und religiösen Weg. Das ist so was wie ein unbegründetes Vertrauen. Aber sie entfaltet sich immer ins Konkrete hinein. Und im Konkreten gibt es immer Unsicherheit. Auch bei einer Intuition ist immer ein gewisses Risiko dabei. Ich merke, da passiert was mit mir, nicht ich handele, sondern etwas handelt in mir. Ich vertraue, aber weiß gleichzeitig, dass es Impulse, psychologische Impulse in mir gibt, die sich damit vermischen. Das auseinanderzuhalten ist sicher unmöglich.

Man muss immer damit leben, dass es auch unsicher ist. So ist halt das Leben. Doch wenn man sich auf einem spirituellen Weg in dieser letzten Sicherheit verankert, kann man im Wahnsinn des Lebens leben – auch wenn ständig Fehler geschehen. Denn man weiß, diese Fehler, Irrtümer und auch das, was man richtig macht, sind verankert in etwas Größerem. Und dort kann letztlich nichts schiefgehen. Insofern würde ich unterscheiden zwischen dieser absoluten Sicherheit und konkreter Sicherheit in bestimmten Situationen.

In der Praxis muss man immer auch kritisch sein und wissen, dass es eine Vermischung mit eigenen inneren Impulsen gibt. Was wirklich das reine Element ist, kann man nicht unterscheiden. Es wird immer eine Mischung sein zwischen dem richtigen inneren Ausdruck, äußeren Dingen aus der Psyche und dem, was man sonst weiß oder ahnt.

Gerald Weischede: Aus buddhistischer Sicht wäre es die angemessene Reaktion in der jeweiligen Situation. Ist die Reaktion angemessen? Ist sie mitfühlend, ist sie spontan, ist sie witzig, ist sie misstrauend, was immer? Was ist notwendig in der jetzigen Situation? Ich finde dieses Wort notwendig wunderschön, aber es passt nicht immer, es muss ja nicht immer die Not gewendet werden.

Aber was ist passend? Was ist passend in der jetzigen Situation? Das ist eine erweiterte Definition von Intuition. Was ist stimmig? Und darum geht es auch im Buddhismus. Was ist für die jeweilige Situation stimmig, was passt, wo fühlen sich alle wohl, was braucht die andere Person, fühlt sie sich gesehen? Das sind Fragen, die ganz konkret sind. Fühle ich mich gesehen? Haben wir wirklich Kontakt? Oder ist es gerade aneinander vorbei getaktet? Ganz knapp vorbei ist auch daneben. Können wir in diesem jetzigen Augenblick für einen Moment wirklich einen Kontakt herstellen? Das ist lernbar. Ich weiß nicht, ob ein Westler, der ich ja auch bin, sagen würde, Intuition ist erlernbar oder trainierbar. Das, was ich beschrieben habe, ist erlernbar. Nicht direkt, aber indirekt durch die Praxis. Wir lernen immer mehr Vertrauen in unsere Reaktion, wir erlernen immer mehr Vertrauen in uns und trauen uns immer mehr, spontan, direkt, offen in der jeweiligen Situation zu sein.

Wo ist die Intuition in unserem Leben von Bedeutung?

Gerald Grisse: In allen wichtigen Lebensbereichen ist die Intuition von Bedeutung. Es gibt einen Bereich, der geradezu hervorsticht, und das ist der Bereich der zwischenmenschlichen Beziehungen. Wenn ich meine zukünftige Partnerin oder meinen zukünftigen Partner das erste Mal sehe, stellt sich immer die Kernfrage: Woher weiß ich, dass sie es ist? Was spielt sich da eigentlich ab? Und warum ausgerechnet da?

Da ist eine Schlüsselstelle für Intuition am Werke. Wobei ich nicht sagen will, dass alle Menschen sich ihren Partner nach ihrer Intuition aussuchen. Sondern ich glaube einfach, dass das ein geheimnisvoller Bereich ist, in dem viele Faktoren zusammenlaufen. Diese führen letztlich dazu, dass Intuition umgesetzt oder dass ihr nachgegangen wird. Gleichzeitig laufen chemische Prozesse ab und merkwürdige andere Zufallsprozesse, die aber erstaunlicherweise dazu passen. Gerade an diesem Zusammenspiel kann man mit der Kernfrage ansetzen: Wie setzt sich da eigentlich Intuition um? Wir würden ja schwerlich behaupten, dass jemand seinen Partner gegen seine Intuition aussucht. Wir würden ja sicher sagen, die meisten machen im Grundsatz erst mal das, was ihnen intuitiv in den Sinn kommt. Und ich glaube, das ist richtig. Trotzdem wissen wir alle, dass Verliebtheit mit rosaroter Brille und den unterschiedlichsten Illusionen einhergeht. Und diese Interaktion zwischen Intuition und Illusion ist ein sehr interessantes Thema.

Sven Joachim Haack: Prinzipiell überall. Ich glaube, dass der Intuition insbesondere in allen Fragen der Seele eine große Bedeutung zukommt. Und auch im Bereich von Religiosität und Spiritualität und bei existenziellen Fragen. Und bei grundsätzlichen Entscheidungssituationen, weil all diese Dinge nicht abschließend über den Verstand zu klären sind. Ich kann verstandesmäßige Vorarbeit leisten, aber wenn ich mir einrede, meine Entscheidung wäre vernünftig – dann glaube ich das nicht, weil es so viele Wirkfaktoren gibt, die mir vielleicht überhaupt nicht bewusst sind. Die Vorstellung, es sei vernünftig, ist doch eine narzisstische Selbstüberschätzung. Das heißt aber gerade bei diesen existenziellen Fragen, also an Weichenstellungen, an Übergängen: Wenn ich dann diesem plumpen Satz folge, ich glaube nur, was ich sehe, bin ich doch ziemlich aufgeschmissen. Da ist es von Bedeutung, sich mit der tiefen Dimension zu verbinden.

So ganz schlichte Dinge wie Glück, Zufriedenheit, Liebe werde ich rein vernünftig nicht klären. Ich kann ein paar Hormone messen, ein paar Neurotransmitter, die Oberflächenspannung der Haut, die Wirkung auf die Darmtätigkeit, den Herzschlag und die Atmung – das kann ich alles messen. Aber kommt da eine angemessene Beschreibung von Glück oder Liebe heraus? Da wäre ich skeptisch. Intuition gehört in diesen Bereich. Sie entspringt aus einer Berührung zwischen einem individuellen personalen Seelenteil und diesem kollektiven Weltenseelenteil.

Stefan Bauberger: Von größter Bedeutung ist sie tatsächlich auf dem religiösen oder spirituellen Weg, weil es einen wirklichen Zugang vom Absoluten sonst nicht gibt. Eigentlich gehört zu einem spirituellen Weg auch die Erkenntnis von völlig unfassbaren Abgründen, die man in sich selber findet und natürlich auch in anderen. Eine Intuition zum Beispiel – ich vertraue mir und ich vertraue anderen Menschen – ist gleichzeitig immer nur erklärbar aus dieser tieferen Verbindung, die sagt, auch all diese

Unberechenbarkeit und alles Schlechte, was an Möglichkeiten da ist, ist wirklich aufgehoben in etwas Größerem.

Elke Dorothea Badur-Siefert: Mein Ideal ist es, immer in dieser Anbindung mit Gott zu sein. Mich von dort aus führen zu lassen, bedeutet, meiner Intuition zu folgen. Je länger und je mehr ich das mache, desto großartiger fühlt sich das für mich an oder desto weiter bin ich auch, weiter im Sinne von offen und nicht getrennt. Und wenn ich mich verbunden fühle, ist es einfach wie ein heiliges Gefühl. Da kann ich weinen, weil ich dann selber darüber so gerührt bin, dass es möglich ist, so zu fühlen oder sich so verbunden zu fühlen. Daraus spricht eine uralte Sehnsucht aus Zeiten, wo ich mich getrennt gefühlt habe, auch von meinen Eltern.

Kann man Intuition fördern bzw. trainieren, und wenn ja, wie?

Gerald Grisse: Ja, man kann sie sicher fördern und trainieren. Diese Frage hängt sehr eng mit dem spirituellen Weg zusammen. Denn ein spiritueller Weg und Intuition fördern sich gegenseitig. Ich glaube, man kann sie fördern, indem man sich selber aufruft, einfach immer wieder ins Leere zu lauschen, zu horchen. Das heißt zunächst mal in der Abgrenzung zum Gegenteil: Was machen wir eigentlich normalerweise? Normalerweise horchen wir nicht ins Leere oder in die Stille, sondern folgen der ratternden Verstandesstimme, die uns genau sagt, was wir jetzt gerade machen sollen oder wollen.

Und es wäre förderlich, auf einem spirituellen Weg zu lernen, diesen ratternden Verstand zur Ruhe zu bringen und überhaupt den Wert der Stille zu erfahren. Wenn der Wert der Stille erfahren ist, bietet sich an, mal in die Stille hineinzulauschen. Was kommt aus der Stille, was ist in der Stille, was will mir die Stille sagen? Wenn man diesen ersten Schritt vollzogen hat, liegt das nahe. Aber für jemanden, der den ersten Schritt nicht vollzogen hat, ist der Ratschlag, in die Stille oder Leere zu lauschen, abstrus. Weil er so vage ist. Weil er nichts aussagt. Und das ist ja gerade das Geniale an der Spiritualität, dass sie uns eine andere Kategorie eröffnet. Sie öffnet uns immer wieder ein anderes Leben. Es ist nicht mehr das gleiche Leben, das wir normalerweise führen. Denn mit zunehmendem Gehen des spirituellen Weges erkennen wir, dass dieses normale Leben ein beschränktes Leben ist. Es ist ein Leben, das mit Scheuklappen geführt wird. Es hat scheinbar seine eigenen Gesetzmäßigkeiten, denen wir glauben folgen zu müssen, und dadurch geht uns die Offenheit verloren, die wir für die Intuition brauchen.

Sven Joachim Haack: Als Kontemplativer glaube ich, es geht sowieso nichts über das Sitzen in der Stille. Das ist ja eine typische Erfahrung: Ich gehe in einen Kurs, ich setze mich eine Weile der Stimme aus, ringe mit meiner Unruhe oder auch nicht, und ich gehe weg und bin berührbarer, durchlässiger, feinfühliger. Das wäre eine Förderung. Oder auch ganz klassisch fasten, das Fasten macht durchlässig. Ganz klassisch Nachtwache. Eine Nacht zu wachen, die Dunkelheit durchzuwachen – das ist eine alte Reinigungs- und Öffnungsmethodik, in vielen Traditionen. Intuitives Schreiben wäre eine Möglichkeit. Künstlerisches Gestalten kann ich mir anders als intuitiv gar nicht vorstellen.

Stefan Bauberger: Meditation fördert Intuition, vor allem dann, wenn man das in der Meditation trainiert oder das Hinhören oder das Wahrnehmen übt, nicht so sehr das Machen. Es ist eine Gefahr auch in der Meditation, dass es so ein ehrgeiziges Machen wird. Es ist wichtig, es stattdessen geschehen zu lassen und hinzunehmen und wahrzunehmen. Ich glaube, dass das die Intuition trainiert.

Elke Dorothea Badur-Siefert: Ich fördere das in meinen Seminaren durch die Diadenübung: Da reden zwei oder drei zu einem Thema. Einer redet und spricht aus der tiefsten Mitte und die anderen horchen sozusagen mit dem Herzensohr. Danach wird sich ausgetauscht über das, was man gehört hat. Man kann es einüben, dass eine solche Art von Kommunikation immer vertrauter wird.

Was ich auch sehr gern mache, nenne ich Herzimpulsübungen. Wir setzen uns in einen Kreis, vielleicht acht Leute, und jeder sagt, was gerade in ihm aufsteigt. Ich höre eine Biene summen, mein linkes Knie tut weh, mein rechtes Ohr juckt, ich habe eben gerade an das und das gedacht. Wir machen mehrere Runden, bis auf einmal eine Synchronisation entsteht, die sich ganz nondual anfühlt. Es ist eine Übung, auch von den anderen zu hören, wohin man spüren kann. Denn wenn mein voriger Nachbar sagt, mein linkes Knie tut weh, dann gehe ich automatisch zu meinem linken Knie mit meiner Wahrnehmung. Und das andere ist, dass auch Anfänger, die sich allein ganz schnell wegtragen lassen von ihren Gedanken, in einem solchen Kreis schnell in ein Einheitserlebnis kommen.

Für manche ist das anstrengend, sie bekommen Angst, weil sie sich auflösen. Denn es lösen sich relativ schnell die Körpergrenzen und die Wahrnehmung von Zeit auf. Das ist schwierig für Leute, die sehr abgegrenzt sein wollen und viel Schutz für ihre eigene Persönlichkeit brauchen. Es ist für mich eine der hilfreichsten Übungen, in diesen Zustand zu kommen.

Geht es bei der Intuition um die Entfaltung der schon vorhandenen Fähigkeit oder um die Entwicklung der gewünschten Fähigkeit?

Gerald Grisse: Wenn überhaupt, dann muss es entwickelt werden. Aber mir kommt diese Frage sehr schwierig vor. Denn für mich ist Intuition nicht etwas, was dem Menschen mitgegeben und vielleicht nur verkümmert ist. Intuition ist für mich etwas Größeres, was woanders herkommt. Es kann sein, dass jemand überhaupt keine Intuition hat, weil er so dichte Mauern, Ego-Mauern, um sich herum baut, dass da kein Lichtstrahl durchscheint.

Aber die Standardsituation ist, dass in diesen Ego-Mauern ein Spalt ist. Bei fast allen ist irgendwo ein Spalt entstanden oder vielleicht sogar ein Fenster oder eine Tür, durch die das Licht der Intuition hineindringt. Aber dieses Licht, das durch diesen Spalt dringt, ist nicht meine Intuition, über die ich verfüge, sondern ich verfüge mit Glück nur über einen Spalt. Die Frage ist: Wie kann ich diesen Spalt verbreitern, vergrößern? Oder wie kann ich diese Mauern einreißen? Das Wort Entfalten und Entwicklung ist schwierig, denn es läuft auf einen Unterschied hinaus, den wir rational machen in unserem Denken. Ich entfalte etwas, was schon da ist, und ich entwickle etwas vielleicht ganz neu, was ich vorher nicht hatte. Wir haben aber überhaupt nichts. Wir haben auch keine Intuition, sondern eine Intuition geschieht uns. Es ist etwas, was kommt, von außer mir. Ich habe allenfalls die Gabe, zu lauschen, zu hören.

Sven Joachim Haack: Intuition hat für mich immer etwas Überraschendes. Es geht um etwas Neues. Gleichzeitig muss es schon da sein, denn sonst könnte es nicht aufsteigen. Vielleicht geht es um etwas, was aus einem überpersonalen, transpersonalen Bereich kommt, dort vorhanden ist, aber personal noch nicht entwickelt. Wenn es aber personal überhaupt nicht da wäre, hätte ich keinen Widerhall dafür. Deshalb glaube ich, es braucht da eine Ahnung, einen Geschmack. Und gleichzeitig ist das Neue, das Überraschende immer auch die Klarheit zu sagen, so ist es. Also, wenn mir immer nur dasselbe Alte einfällt, wäre ich skeptisch, woraus das quillt.

Stefan Bauberger: Ich würde sagen, es ist eher Entfaltung. Es ist eher etwas, was überdeckt ist. Entweder dadurch, dass man bestimmte Dinge gar nicht sehen will und dass die Wahrnehmung nicht da ist für das, was eigentlich da ist. Aber ob man sagt Entwicklung von etwas Neuem oder Entfaltung sind Modellvorstellungen, die ihre Berechtigung eher in einem pragmatischen Kontext haben. Es geht nicht darum, etwas Neues zu erwerben, sondern das zu entfalten, was da ist. Weil das viel eher in diese Haltung hineinführt, geschehen zu lassen, was geschieht. Und wenn man sagt, ich muss was Neues erwerben, dann kommt die Haltung: Was muss ich tun, um das zu erlangen? Damit blockiert man jede Möglichkeit, dass sich das entfalten kann.

Was ist für die Intuition hinderlich?

Gerald Grisse: Denken in jeder Form und zweitens das Analysieren der jeweiligen Situation mit dem Denken – was wir eigentlich immer spontan machen. Denken würde ich hier charakterisieren als ratternde Verstandesstimme, Grübeln. Was ist da? Was kann ich machen? Und so weiter.

Was uns dagegen hilft, ist jegliche Art von Augenblicklichkeit oder Im-Augenblick-Sein. Man kann auch sagen: Achtsamkeit für den

Augenblick. Was immer durchkommt durch diese Verstandesmauer an Erfahrung des aktuellen Augenblicks, ist förderlich für Intuition. Meistens koppeln wir aber die Augenblickserfahrung direkt mit einer Verstandeserfahrung und lassen permanent den Verstand parallel laufen. Dadurch erfahren wir eben gerade nicht den Augenblick, sondern nur unser Schema von diesem Augenblick, unsere Vorstellung von diesem Augenblick.

Es ist charakteristisch für unseren Zugang zu diesen Fragen, dass wir die Intuition gerade dem Nebulösen zuordnen, gerade nicht dem Augenblick, sondern einer undefinierten Stille. So als müssten wir das erst mal erringen und das ganze Leben anhalten, und dann erst kommt eine Intuition. Es ist genau umgekehrt. Aber da liegt unser Dilemma. Wir sind eben nicht im Augenblick. Ein spirituell unentwickelter Mensch würde sicher Folgendes sagen: „Ich hätte gern mal eine Intuition, aber da muss man ja wirklich Zeit haben – das muss dann mal zu einem kommen. Ich habe hier immer zu tun und da gibt es leider keine Intuition, sondern hier sind wirklich harte Fakten gefordert." Das würde ein solcher Mensch sagen. Und wenn du ihm dann sagen würdest, ja, gerade in diesem Augenblick kommt die Intuition, dann sagt er, wollen wir es hoffen. Es ist so ein Antagonismus da, wie so häufig im Leben.

Sven Joachim Haack: Hinderlich ist natürlich das Wissen, in dem Sinne, dass man nicht mehr offen ist. Alles, was blockiert, was Offenheit verhindert, ist hinderlich. Angst und Intuition passen nicht zusammen. Angst ist etwas, was eng macht, was eher verhindert, eher blockiert. Das Blockierende ist nicht intuitionsfreundlich. Ohne Freiraum zu sein, ist in meinem Erleben intuitionsfeindlich. Also vertaktet zu sein, unter ständigem Druck, unter ständiger Zielgerichtetheit, die Aufmerksamkeit immer konzentriert gerichtet.

Elke Dorothea Badur-Siefert: Vor allem Stress und wenn man unerledigte Geschäfte in sich trägt, bestimmte Traumata dissoziiert hat und sozusagen noch nicht seine Schlangengrube durchdrungen hat. Das dauert ein paar Jahre, auch auf dem Weg des Herzensgebetes. Dieser Reinigungs- und Klärungsweg dauert 10 bis 15 Jahre, es ist tatsächlich so, auch aus meiner Erfahrung. Ich mache ja seit meinem 28. Lebensjahr Therapie, also erschließt sich immer mehr und es kann sich tatsächlich noch mit 60 oder 62 ein Bereich auftun, wo man denkt: Den habe ich immerzu umschifft. Und wenn er aufgeht, merkt man plötzlich, wie viel Einfluss er auf das Leben hatte.

Oft wird behauptet, dass gewisse Persönlichkeitseigenschaften wie Empathiefähigkeit und Sensibilität für intuitive Prozesse förderlich seien. Welche Persönlichkeitseigenschaften sind Ihrer Meinung nach förderlich?

Stefan Bauberger: Empathiefähigkeit sicher und vor allem auch Empathie mit sich selber, nicht nur mit anderen. Und eine gewisse Flexibilität, als Gegensatz zu Starrheit. Jemand, der zwanghaft ist, tut sich schwerer mit Intuition. Das ist jetzt keine klassische Persönlichkeitseigenschaft, aber Lebendigkeit ist auch förderlich, Offenheit für das Leben, auch für das innere Leben, für die inneren Emotionen. Je lebendiger jemand ist, je mehr er in seiner Kraft steht, umso stärker ist auch die Intuition.

Es gibt manchmal das falsche Ideal, in so ein friedvolles Leben zu kommen. Aber es geht doch eher darum, die Fülle des Lebens zu kennen, und zu der gehört es auch, dass man richtig hart kämpfen kann und vielleicht sogar einen gewissen Spaß daran findet. Und auch, dass man leiden kann und das Leiden nicht wegschiebt. Und dass man sich freuen kann, auch wenn man weiß, dass morgen die Freude vielleicht schon vorbei ist – das spielt in dem Moment aber keine Rolle: Wenn ich mich jetzt freue, dann freue ich mich. Es geht darum, kraftvoll im Hier und Jetzt zu sein.

Gerald Grisse: Das ist eine sehr schwierige Frage. Ich habe die Erfahrung gemacht, dass wir sehr oft zu einem Schubladendenken neigen. Wir ordnen Menschen in Kategorien ein und denken, dann könnte man solche Fragen beantworten. Dann würde es zum Beispiel naheliegen zu sagen, jemand, der ein bisschen träumerisch veranlagt ist, Zugang zum Unterbewussten hat und vielleicht ohnehin in illusionären Vorstellungen lebt, könnte vielleicht dieser Welt nahekommen. Aber so pauschal kann man das gar nicht sagen. Ich würde es höchstens am Verstand festmachen: Je weniger jemand glaubt, alles mit seinem Verstand lösen zu können oder zu müssen, umso leichter könnte er einen Zugang zur Intuition haben. Das führt einen dann zu einem Satz aus der Bibel: „Ich danke Dir, mein himmlischer Vater, dass Du es den Weisen und Klugen nicht offenbart hast." Die Weisen und Klugen sind eben nicht weise und klug, wenn sie sagen, sie haben alles verstandesmäßig im Griff. Und da entsteht eine paradoxe Situation. Wenn einer anfängt daran zu zweifeln, dass er alles im Griff hat, meint er vielleicht, er wäre weniger wertvoll als andere. Dennoch hat er positive Voraussetzungen geschaffen, um einen Zugang oder eine Offenheit zu kriegen. Das ist jetzt diese tragische Verstrickung des Verstandes, dass er so überzeugt ist von seinen eigenen Fähigkeiten. Man glaubt, immer zu wissen, was man zu machen hat. Deshalb ist es unmöglich, den eigenen Intuitionen zu lauschen. Wenn man aber beginnt, an den Grundfesten des Verstandes zu rütteln, eröffnet sich ein Weg.

Sven Joachim Haack: Mitgefühl und Empathie laden Intuition ein, befördern sie. Davon bin ich fest überzeugt. Ich glaube auch, dass die Fähigkeit zur Sammlung einladen kann. Offenheit, die Weite aushalten zu können, die Kunst, sich zwischen dem Ende des Alten und dem Anfang des Neuen niederlassen zu können, sind ebenfalls von großer Bedeutung. Und das hat sicher viel zu tun mit Selbsterforschung und Selbsterfahrung. Das heißt, ich gewinne Einsicht in mein Gewordensein, bin damit meinen direkten Impulsen nicht mehr so ausgeliefert, stecke also nicht im reinen Reiz-Reaktions-Mechanismus – denn dann ist für Intuition kein Platz.

Gerald Weischede: Ich nenne es jetzt nicht Intuition, sondern Spontaneität. Das Problem bei dieser Frage ist, ob ich Empathie, Mitgefühl, Weisheit trainieren kann oder ob es nicht das Resultat meiner Praxis ist. Wenn ich mich wirklich absichtslos auf das Sitzkissen setze, und das ist ja die Basis für Zen, Absichtslosigkeit, Shikantaza, dann setze ich mich ja nicht aufs Kissen, um Mitgefühl zu üben oder Weisheit, sondern dann entwickelt sich das aus dem heraus, was ich auf dem Sitzkissen und im Alltag tue.

Und die Frage ist, was passiert, wenn ich nicht eingreife. Und das Nicht-Eingreifen übe ich auf dem Sitzkissen, bis die Glocke klingelt. Jedes Mal, wenn ein Impuls kommt, gebe ich dem nicht nach, jedes Mal, wenn ein Gedanke kommt, entfalte ich ihn nicht. Und was das für ein Resultat hat, weiß ich nicht, aber die Tradition sagt und meine Erfahrung ist, es hat wohltuende Resultate, die nicht nur mir wohltun. Aus dieser Praxis heraus haben sich diese ganzen Konzepte entwickelt. Und dann hat sich etwas entwickelt wie Mitgefühl. Und es hat sich etwas entwickelt wie Weisheit oder Angstfreiheit.

Welche Bedeutung hat ein Lehrer bei der Schulung der Intuition?

Elke Dorothea Badur-Siefert: Der Lehrer bringt den Schüler in seinen Höhenflügen wieder auf die Erde und hat die Aufgabe, es zu erklären, wenn etwas Angst macht oder jemand mit seinen Schattenaspekten in Berührung kommt. Er begleitet den Schüler, damit er gut durchkommt. Wenn Leute kommen und sagen, ich meditiere nicht mehr, weil ich immer eine Depression bekomme, kann er eingreifen. Denn man bekommt ja nicht von der Meditation Depressionen, sondern von dem, was man berührt hat. Der Lehrer kennt den Weg und diese Prozesse schon. Meditation anzuleiten ist ja an sich einfach, du setzt dich auf ein Kissen und schlägst die Glocke, aber wenn die Leute depressiv werden, dann musst du eine Antwort haben.

Gerald Grisse: Der Lehrer hat eine große Bedeutung, aber es gibt keinen Lehrplan. Es ist nicht so, dass er wie ein Studienrat im Fach Intuition einen bestimmten Wissensstoff vermitteln könnte. Aber er spielt eine enorme Rolle als Meister auf dem spirituellen Weg. Wenn er ein Meister auf dem spirituellen Weg ist, kann er immer wieder gezielte Anstöße geben, er kann augenöffnend sein. Und das ist immer eine Augenblicksangelegenheit. Er kann einen Ansatz erkennen, an dem der Schüler gerade steht, und ihn mit der Nase darauf stoßen. Er kann auch erkennen, dass eine bestimmte Struktur, Ego-Struktur, aufscheint, die für den Schüler wie eine Wand ist. Und er kann mit einem gezielten Schlag einen Riss in diese Wand machen.

Sven Joachim Haack: Ein Lehrer hat bei der Schulung der Intuition verschiedene Bedeutungen. Eine Funktion ist, überhaupt dazu zu ermutigen, dem zu trauen. Das Zweite ist das Korrektiv – dass er etwa sagt: Pass mal auf, wo du dich gerade befindest. Und eine dritte wichtige Funktion wäre Ermutigung. Das sind für mich die drei Hauptfunktionen bei einer Schulung von Intuition.

Stefan Bauberger: Ein Lehrer ist ein Spiegel für den inneren Lehrer, und das braucht man manchmal, weil dieser innere Lehrer ganz schön fordernd ist. Speziell wenn es um Intuition geht. Ein Meditationslehrer zeigt erst mal, wie man das richtig macht. Manche Leute können das spontan. Aber viele brauchen Anleitung, auch um die Körperhaltung zu lernen, die hilfreich ist, und um zu lernen, wie sie mit ihren Gedanken sinnvoll umgehen können.

Gerald Weischede: Der Zen-Lehrer ist dazu da, den Schüler auf dem Weg zu begleiten, ihn in Sackgassen zu führen, ganz bewusst. Und ihm Aufgaben zu geben, die seine Spontaneität unterstützen oder ihn dahin bringen, aus dem dualistischen Denken herauszutreten oder erst gar nicht einzutreten.

Aus buddhistischer Sicht gibt es drei Formen von Lehrern: 1. die Schullehrer oder Lehrer, die uns im Westen für einige Zeit begleiten, und 2. gibt es den Guru aus hinduistischer oder indischer Sicht, der 24 Stunden lang am Tag Vorbild ist und mit dem man auch eine lange Zeit zusammenlebt, und 3. gibt es den Lehrer, jetzt speziell in den japanischen Traditionen, der ein Lehrer in Ikebana sein kann, ein Lehrer der Teezeremonie, ein Lehrer in der Kampfkunst, im Kampfkunstsport, in der Kampfkunstart oder in Zen, der einen das ganze Leben begleitet. Das ist ein Begleiter, der sozusagen zum ultimativen Freund wird, das ist eine ultimative Freundschaft, die daraus entsteht. Und es ist eine ganz andere Definition von Lehrer, denn selbst wenn ich den Lehrer lange Zeit nicht sehe, bleibt er mein Lehrer oder meine Lehrerin. Ich bin immer verbunden.

Wie macht sich eine Intuitionserfahrung bei Ihnen bemerkbar? Was sind die Anzeichen?

Gerald Weischede: Lebendigkeit, der Atem fließt frei, Entspanntheit, aber gleichzeitig eine Art Vibration. Tiefe Entspannung und daraus resultierend Bewegung, spontane Bewegung. Es ist eine spontane Aktion basierend auf etwas, was gleichzeitig still ist. Aber auch alles vergessend, einfach sein, einfach spontan sein. Es ist körperlich sehr angenehm, fühlt sich lebendig an, keine Kontrolle mehr, die Hände dürfen sich bewegen und keine Angst, ins Fettnäpfchen zu treten. Einfach zu sein. Und es muss nicht immer lustig sein, muss auch nicht fröhlich sein, es kann alles sein, traurig, wütend, was gerade in diesem Augenblick ist. Und es ist ohne Körper ja nicht möglich, der Körper ist immer noch Leib, das ist nicht der Körper, den wir haben, sondern der Leib, der wir sind, ganz. Und den lernen wir in der Achtsamkeitspraxis kennen, das ist sozusagen die Grundlage.

Stefan Bauberger: Bei mir ist das oft mit Bildern verbunden. Aber ich glaube, das ist eine Persönlichkeitsfrage. Nach allem, was ich aus Gesprächen mit anderen weiß, ist das nicht automatisch mit Bildern verbunden. Es gibt dieses Erlebnis, wie ein Erwachen. Im Zen spricht man auch von Erwachen, das ist das Synonym für Erleuchtung – dass man sich fühlt, als wäre man aus dem Schlaf aufgewacht und plötzlich ist die Welt ganz anders als vorher. Das ist ein Anzeichen für eine starke Intuition.

Sven Joachim Haack: Es hat was Fließendes, was Leichtes, es wird weit, es ist eher ein ganzheitliches Erleben, ich bin nicht primär nur im Kopf. Intuition ist das Mehr. Es hat was Unerweisbares, es hat was Klares. Und es hat eine spezifische Wirkung auf meine Seele. Wie soll ich denn das benennen? Ja, es macht eher weit und still. Es ist auch verbunden mit einem Körpergefühl. In den ganz tiefen Momenten ist da auch keine Frage mehr.

Gerald Grisse: Bei mir macht sich das bemerkbar in einem Vertrauen, in einer Art innerem Vertrauen. Dass das, was aus mir herauskommt, übereinstimmt mit dem Leben oder mit dem, was es von mir will. Es gibt schon äußere Formen. Aber sie sind nicht entscheidend, wenn man sagen soll, ob das oder jenes eine Intuition war oder nicht.

Ich habe ein Beispiel dafür. Ich habe in meinem Leben sehr viel geträumt und sehr viel über Träume erfahren. Ich habe mich an Träume oft erinnert und klar unterscheiden können, ob dieser Traum etwas zu bedeuten hat oder nicht. Und unter diesen bedeutungsvollen Träumen hat sich bei mir noch mal eine ganz besondere Art von Traum entwickelt. Für den habe ich speziell den Ausdruck „großer Traum" erfunden. Ein großer Traum besteht bei mir immer aus drei Bildern. Das erste Bild eröffnet eine Szenerie. Das zweite Bild eröffnet das Problem. Und das dritte Bild gibt die Lösung. Von solchen großen Träumen habe ich bisher vielleicht 20 gehabt. Ich habe immer schon von Zeit zu Zeit durch so einen großen Traum einen wichtigen Hinweis bekommen. Ich bin fast neu ausgerichtet worden oder es ist mir so vorgekommen, dass ich Neuland betrete durch so einen großen Traum. Aber die Intuition war da immer noch zu wenig ausgeprägt, weil das Vertrauen zu ihr nicht vorhanden war.

Ich habe lange Zeit gesagt, ich tue das in meinem Leben, was alle, insbesondere meine Familie, meine Eltern, von mir wollen und was akzeptiert ist. Wenn sie der Meinung sind, das Kind geht aufs Gymnasium und muss dazu diese Prüfung machen, dann mache ich das. Und wenn sie der Meinung sind, ich muss studieren, dann studiere ich. Und wenn sie der Meinung sind, ein ordentlicher Akademiker findet eine Stelle, mit der er genügend Geld verdient, und macht Karriere, dann mache ich das.

Für mich war das Leben immer zweigeteilt. Ich bin diesen Lebensweg gegangen. Ich wusste aber immer, es gibt noch etwas anderes, es gibt noch eine zweite Welt für mich und das ist die eigentliche, das ist meine. Und ich habe zeit meines Lebens nach diesem zweiten Weg gesucht. Und auf diesem zweiten Weg, da war immer dieses mangelnde Zutrauen da. Ich habe es ja noch nicht gefunden. Das kennt jeder, der irgendwann auf den spirituellen Weg gegangen ist. Du erlebst viel und bist trotzdem nicht auf dem Weg, weil es dich noch nicht überzeugt hat. So war das bei mir auch mit der Intuition. Es fehlte einfach das Vertrauen. Und mittlerweile bin ich so alt geworden, dass ich immer wieder und sehr häufig sagen kann, ich habe ja die Intuition, ich weiß es ja, ich mache es jetzt einfach. Und da ist keinerlei Risiko mehr da. Da ist keinerlei Zweifel in irgendeiner Weise.

Wie lange mussten Sie üben, um offener bzw. bewusster für intuitive Erfahrungen zu sein? Und war das eine graduelle Entwicklung?

Sven Joachim Haack: Die erste intuitive Öffnung ging sehr schnell. Es war eine ziemlich direkte Frucht und auch etwas, was mich immer auf dem Weg gehalten hat. Ich weiß, wenn ich aufhöre zu praktizieren, verliere ich diesen Zugang. Und ohne das jetzt nach Kosten und Nutzen verrechnen zu wollen, war das von großer Bedeutung für mich. Es begann sehr früh, ging aber nicht graduell im Sinne von stetig, sondern es gab auch Einbrüche, also Intuitionen, die mich wirklich geschüttelt und gerüttelt haben, die mich ziemlich verwirrt hinterlassen haben und bei denen ich lange brauchte, bis ich sie einordnen konnte. Es gibt nicht ein erstes oder zweites Level. Aber auf Dauer entwickelt sich eine Steuerungsfähigkeit, ich kann es ein bisschen ansteuern und auch ausdifferenzieren. Diese Steuerungsfähigkeit ist gewachsen im Laufe der Zeit.

Elke Dorothea Badur-Siefert: Bei mir war das in einer Woche da. Da hatte ich diesen Durchbruch und wusste, ich brauche nur zu meditieren, wenn ich aufstehe, und dann weiß ich die nächsten Schritte. Da hat das auch für mich begonnen, dass ich aus meiner Ehe gegangen bin, dann habe ich noch Psychologie studiert, dann habe ich mich auf meinem Weg sicher gefühlt, weil ich immer diesen Kontakt hatte und dem nachgegangen bin und mich nicht von all den Bedenkenträgern, die um mich herum waren, habe ablenken lassen. Und so ist es immer weitergegangen, Türen sind aufgegangen, obwohl ich vorher gar nicht wusste, dass dort welche sind.

Aber auch früher schon, lange bevor ich meditiert habe, bin ich viel allein in der Natur gewesen. Ich wusste schon mit sechs oder sieben, mir kann gar nichts passieren. Denn wenn es schlimm wird, lege ich mich einfach hin und flüstere mir was, so habe ich das genannt. Dann gehe ich in die Geschichten. Ich kann mich auch noch an all die Geschichten erinnern, die ich fantasiert habe, ich war immer geschützt.

Gerald Grisse: Es war eine graduelle Entwicklung, und trotzdem hatte ich sehr früh schon sehr durchgreifende Erlebnisse. Innerhalb von drei, vier Jahren gab es eine graduelle Entwicklung, bei der noch mal Durchbrüche kamen. Danach ging es nicht graduell weiter, sondern es war fast ein Entfernen vom Zen, zumindest vom regelmäßigen Sitzen. Denn ich wusste intuitiv, es geht bei mir in erster Linie darum, mein Leben zu leben oder mich mit den Problemen meines Lebens auseinanderzusetzen. Was mich danach auch wieder in tiefe Krisen geführt hat, eine tiefe Verunsicherung. Du glaubst nicht nur, etwas erfahren zu haben, du hast es ja erfahren. Dein Lehrer hat es bestätigt, dein Meister. Kann das dann überhaupt sein, dass du wieder in krisenhafte Situationen kommst? Ich bin da durchgegangen. Und es gab nur eine Grundregel, die absolute Ehrlichkeit sich selber gegenüber und zurück dahin, wo man früher angefangen hat, nämlich Suchen. Mit hundertprozentiger Entschlossenheit und Ernsthaftigkeit den richtigen Weg suchen, den richtigen Weg in diese äußere Welt.

Gerald Weischede: Wann habe ich wirklich gespürt, bis ich es als Veränderung wahrgenommen habe? Ich würde sagen, also jetzt begonnen in der Situation, dass ich im Kloster lebe und ganz regelmäßig praktiziere, hat es ungefähr zehn Jahre gedauert. Das ist aber nur meine Erfahrung. Es kann länger dauern, es kann aber auch sehr viel kürzer sein. Und dann noch mal zehn Jahre, die ich weiter intensiv praktiziert habe, bis ich dann gesagt habe, jetzt gehe ich wieder ins Laienleben zurück.

Es war eine graduelle und eine plötzliche Entwicklung. Ich habe kleine Veränderungen erlebt, ganz plötzlich, und dann wieder lange Strecken, Durststrecken sozusagen, wo ich noch nicht mal sagen konnte, es geht leicht bergauf, es ging zum Teil auch leicht bergab. Die sind in der Regel für Zen-Leute sehr schwer durchzustehen, wenn ein Jahr nichts passiert, nichts Erwähnenswertes, und trotzdem jeden Tag zu sitzen und den klösterlichen Alltag mitzumachen und einfach weiterzumachen, egal, ob es angenehm ist oder unangenehm, ob es frustrierend ist oder nicht, ich mache es einfach.

Und Veränderungen finden graduell in Strömen und dann in Sprüngen statt. Beispiel Krankheit, Krankheit erscheint in Sprüngen, das ist kaum graduell, und Gesundung passiert auch in Sprüngen. Es gibt Plateaus, wo nicht viel passiert, und dann wacht man morgens auf und man fühlt sich besser. Das ist ein Sprung. Oder man fühlt sich tagsüber elend, das ist wie so ein Plateau, wo es ganz lang hindümpelt und plötzlich ist was passiert. Also diese andauernde, ausschließliche Linearität gibt es in der Natur kaum. Und Veränderung findet linear oder in Sprüngen, dann wieder leicht linear und dann wieder in Sprüngen statt, es ist eine Mischung. So habe ich mich auch erlebt. Auch wenn Sie jetzt gucken, wie die Blätter aus den Knospen kommen, die springen förmlich raus, und dann halten sie wieder inne, nachts gehen sie zum Teil wieder zurück. Das ist minutenweise linear, und dann sind es Sprünge.

LOSLASSEN UND ACHTSAM WERDEN: WIE WIR DIE INTUITION SCHULEN KÖNNEN

"Zweck und Resultat der Meditation ist nicht ein Erkennen im Sinn unserer westlichen Geistigkeit, sondern ein Verschieben des Bewusstseinszustandes, eine Technik, deren höchstes Ziel eine reine Harmonie, ein gleichzeitiges und gleichmäßiges Zusammenarbeiten von logischem und intuitivem Denken ist."
Hermann Hesse

Jedes Individuum braucht verschiedene Fähigkeiten, um Herausforderungen und Anforderungen bewältigen zu können. Die Potenziale und Kompetenzen, die heute im Privat- und Berufsleben zum Tragen kommen, sind bei jedem Menschen anders ausgeprägt. Dies kann unterschiedliche Gründe haben. Das Schulsystem und die verschiedenen Bildungseinrichtungen versuchen, Wissen und Kompetenzen zu vermitteln. Wie Informationen aufgenommen und verarbeitet werden und wie das Gelernte umgesetzt wird, ist nach wissenschaftlichen Erkenntnissen von verschiedenen Faktoren abhängig – wie Erbanlage, kulturelle und bildungsgesellschaftliche Umstände, Fördermöglichkeiten etc. – und geschieht bei jedem Menschen anders.

Folgt man den Meinungen meiner Interviewpartner, ist jeder in der Lage, intuitive Fähigkeiten zu entwickeln bzw. eine Intuition zu haben. „Jeder kann sie haben. Sie ist nicht – das ist nicht etwas, was bei einer bestimmten Begabung ansetzt", erklärt Gerald

Grisse. Ob sie sich entwickeln kann, hängt sowohl von förderlichen als auch von hinderlichen Aspekten ab. Die Befragten weisen dabei auf folgende hinderliche Aspekte hin:
- starke Fixierung auf das bewusst rationale Denken und Zweckorientiertheit
- hemmende Gefühle wie Angst
- psychische Belastungen (Stress und Traumata)
- eine große Ich-Zentrierung/-Bezogenheit
- konditionierte, unbewusst ablaufende Handlungen, die den Blick für das Neue versperren können.

Um die Intuition zu entwickeln, ist neben der Achtsamkeits- bzw. Meditationspraxis eine offene Geisteshaltung wichtig. Das Vertrauen in die eigene Intuition und der Mut, ihr zu folgen, entwickeln sich mit der Zeit. Der Begriff „Achtsamkeit" mag derzeit in Mode sein – in den Medien ist oft davon die Rede. Doch die Wurzeln der Achtsamkeitspraxis liegen weit zurück, in der 2500 Jahre alten buddhistischen Tradition. Man verstand schon damals, dass mithilfe geeigneten Trainings der Geist erforscht und weiterentwickelt werden kann. Neben Gelassenheit, Ruhe und geistiger Klarheit wurde damit auch der Zugang zur Intuition geschult.

Das Achtsamkeitstraining verfolgt nicht wie die Kognitionswissenschaften das Ziel, das Gehirn und die kognitiven Prozesse intellektuell zu erforschen und zu beschreiben. Es möchte vielmehr mit verschiedenen praktischen Übungen den Geist durch die Selbstwahrnehmung erforschen, um lebendige Erfahrungen zu ermöglichen. Es bietet eine Möglichkeit, das diskursive Denken selbst zu beobachten, anstatt sich damit zu identifizieren. Der Achtsamkeitstrainer und Therapeut Alois Burkhard ist der Meinung, dass rationales Denken allein nicht ausreicht, um Probleme zu lösen. Es sei wichtig, achtsam nach innen zu schauen und die subtilen Signale wahrzunehmen, die uns oft vor falschen Entscheidungen bewahren können. „Manchmal bemerken wir dieses Gefühl, wenn wir Entscheidungen treffen, aber etwas in uns dagegen ‚spricht'. Unser Kopf, unser Verstand hat eine Entscheidung getroffen, aber wenn wir tief in uns hineinhören, merken wir, dass sich dies nicht gut ‚anfühlt'."

Die Entwicklungsmöglichkeiten der Intuition lassen sich nicht genau messen und vorhersagen, da im Vergleich zu kognitiven und körperlichen Entwicklungsmöglichkeiten hier eher Bewusstseinszustände angesprochen werden. Das heißt, die kognitiven Fähigkeiten wären unter anderem für den Inhalt und für die Ausdrucksform einer Intuition zuständig, aber nicht primär für ihre Entstehung. Die kognitiven Fähigkeiten und die positiven psychologisch-emotionalen Faktoren sind im Prinzip nur Hilfsmittel, um zu einer Intuition zu gelangen. Hier zeigt sich deutlich, dass die Intuition der menschlichen Gewohnheit entgegensteht, Probleme willentlich durch Denken und Handeln zu lösen. So kommt im Gegenteil gerade in der Achtsamkeitspraxis oft das paradoxe „Nicht-Handeln, um zu handeln" zum Ausdruck. In der Zen-Praxis wird in dem Sutra der höchsten Weisheit deshalb erklärt: „Kein Anhäufen, Vernichten, keinen Weg, weder Erkennen noch Erreichen, weil es nichts zu erreichen gibt."

Wichtig sei es also nicht, etwas aufzubauen, ein „Mehr" zu erschaffen, was das Wort Entwicklung assoziiert. Dies spielt eine Rolle, wenn man sich die Möglichkeit, die Intuition zu schulen, erschließen will. Hier ist zwischen dem Zugang bzw. der Wahrnehmung, die bei der Intuition geschult werden sollen, sowie dem Inhalt des Unbewussten und seiner extrem großen Verarbeitungskapazität zu unterscheiden. Das Unbewusste schafft lediglich die Voraussetzung für das Potenzial, das aus dieser Menge an Informationen (außersinnliche Wahrnehmung in diesem Fall ausgenommen) hervorgeht.

Vor langer Zeit hatte ich in einem weit abgelegenen Winkel Deutschlands an einem Achtsamkeitstraining im Sinne von Zen und Kontemplation teilgenommen. Dabei hatte ich die Erfahrung gemacht, dass ich meine Gedanken, Gefühle und mein Leben wahrnehmen konnte, ohne darüber zu urteilen und mich damit zu identifizieren und in der Geschichte zu verlieren. Egal, ob diese Gedanken und Gefühle angenehm oder unangenehm sind, es geht darum, sie einfach nur wahrzunehmen und frei von jeglicher Bindung zu sein. Danach habe ich darüber nachgedacht und mir die Frage gestellt, ob ich jemals vorher eine solche Erfahrung gemacht hatte: Nein, es war das erste Mal in meinem Leben.

Wann sonst war ich ohne äußere und innere Ablenkungen einfach nur da? Ohne Gespräche, Internet, Filme, Bücher oder Zeitungen? Ohne mich mit jemandem zu unterhalten oder von anderen Dingen abgelenkt zu werden? Und ich meine nicht nur das, sondern auch das Freisein von inneren Gefühls- und Gedankenprozessen, von der Identifikation mit Gedanken: Der Gedanke ist da, aber ich bin nicht der Gedanke; das Gefühl ist da, aber ich bin nicht das Gefühl. Ich muss mich von ihnen nicht zu bestimmten Stimmungen, Haltungen und Verhaltensweisen führen lassen. Und die Frage, die sich dann stellte, war: Wer oder was ist das, was alles wahrnimmt?

Die Erfahrung war toll. Es war, als ob ich einen Resetknopf am PC gedrückt hätte. Mein persönliches Betriebssystem wurde quasi wieder neu aufgesetzt. Ich kam in eine Art Beobachterrolle und war frei von unzähligen Identifikationen. Egal, ob sie schlecht oder gut waren. Und das ist letztlich die Erfahrung, die durch die Achtsamkeitspraxis sehr gut trainiert werden kann. Wir bekommen Abstand zu uns selbst und der Welt. Wir sehen die Welt so, wie sie ist, und nicht so, wie wir sie haben wollen. Dies hat für mich was mit der wahren Freiheit zu tun. Vieles in unserem Leben können wir nicht ändern, was wir aber ändern können, das sind wir selbst. In einer Zen-Weisheit heißt es: Vor der Erleuchtung Holz hacken, Wasser tragen. Nach der Erleuchtung Holz hacken, Wasser tragen. Die Dinge bleiben, wie sie sind, was sich ändert, ist unsere Sicht darauf.

Das Achtsamkeitstraining ist schlicht: Es braucht wenig, nur Präsenz, eine achtsame und authentische Wahrnehmung. Aber es ist nicht einfach. Und ich glaube, gerade weil es so schlicht ist, tun wir uns damit schwer. Wir sind es gewohnt, zu analysieren und Schlüsse zu ziehen. Unser Gehirn ist quasi ein Problemlösungswerkzeug. Es dient der Informationsaufnahme und -verarbeitung. Die reine Seinsqualität, der Seinsmodus ist nicht seine Lieblingsbeschäftigung. Es zieht es vor, Herausforderungen zu bewältigen oder Probleme zu lösen. Das „Nichtdenken" ist jedoch die Voraussetzung für tiefere Erkenntnisse. Es erfordert eine erhöhte Sensibilität, eine gute Präsenz und Achtsamkeit. Vereinfacht gesagt handelt es sich bei der Achtsamkeitsmeditation um eine Übung des Loslassens. Diese kann uns helfen, die Pforten zur unbewussten Quelle der Intuition zu öffnen.

Zahlreiche wissenschaftliche Untersuchungen zeigen, dass Achtsamkeitstraining auch eine gesundheitsprophylaktische und heilsame Wirkung hat. Es führt dazu, dass Mitgefühl und Weisheit heranwachsen und die Ängste kleiner werden. Es hilft uns, in der Flut von Informationen ein klares Bewusstsein zu bewahren.

Bei der Intuitionsschulung geht es im Prinzip um drei Dinge. Erstens um den Perspektivwechsel, zweitens um den Abbau hinderlicher Aspekte und drittens um den Aufbau förderlicher Aspekte.

ÜBER DEN TELLERRAND SCHAUEN

Um kreativ zu sein und intuitiv zu handeln, braucht es Spontaneität und die Fähigkeit über den Tellerrand zu schauen – und es braucht Mut, loslassen zu können. Durch unsere Konditionierungen und Automatismen fällt uns das aber nicht immer leicht. Oft hören wir dann Sprüche wie „Betriebsblindheit", „vor lauter Bäumen den Wald nicht mehr sehen", „nicht über seinen Schatten springen können" usw.

Zahlreiche Bespiele zeigen, dass gerade Menschen, die nicht immer den klassischen Weg gehen und sich über die Konventionen hinwegsetzen, oft großes Erreichen. Querdenker, Freigeister und Visionäre wie Albert Einstein, Mahatma Gandhi, Steve Jobs und viele andere.

Ein gewisses Maß an Verrücktheit ist manchmal notwendig. Verrückt heißt für mich, etwas aus der „normalen" Position verrückt zu sein. Also sich von der Norm wegbewegt zu haben. Es geht um Einzigartigkeit, für die man eigentlich nichts machen muss, denn wir sind es ja von Geburt an schon. Wir alle werden als Originale geboren und so manche sterben dann als gewöhnliche Nachahmung. Willst du einzigartig sein, sei einfach du selbst. Recht verständlich, trotzdem schwimmen die meisten mit der Masse und weniger gegen den Strom. Bei Jugendlichen und Erwachsenen ist oft eine unübersehbare Ähnlichkeit, was Mode, Sprache und Sichtweisen auf bestimmte politische oder soziale

Themen angeht, zu erkennen. Ist man nicht konform, wird man schnell zum Außenseiter. Normal ist der Durchschnitt. Das ist die Definition. Alles was anders ist, ist halt nicht normal. Manchmal lebt es sich gefährlich, sich aus der Norm rauszubewegen und sich gegen das Establishment aufzulehnen. Die, die es versuchen, zahlen das manchmal sogar mit dem eigenen Tod. In der Geschichte haben wir zahlreiche Bespiele dafür. Bevor der Mensch sein fehlerhaftes Verhalten zugeben wird, wird er eher den Fehler bei dem anderen suchen. Es braucht Stärke und Mut, seine Fehler und Macken eingestehen zu können.

Wir vergleichen uns ständig bewusst oder unbewusst und wollen damit sehen, ob wir noch zum Standard, oder bestenfalls über diesen gehören. Solange wir uns im Rahmen befinden und die Grenzen nicht überschreiten, sind wir in Ordnung. Ein Vergleich mit den anderen, das Schielen, was der Nachbar hat und die Leistungen der Kollegen oder die Schulnoten der Kinder im Vergleich zu anderen, macht uns entweder mehr oder weniger glücklich. Das Vergleichen ist das Ende des Glücks und der Anfang der Unzufriedenheit, so der Philosoph Søren Kierkegaard. Grenzen sind nicht zwangsläufig schlecht. Sie geben Sicherheit und Ordnung im Leben. Grenzen, wie das Wort es schon sagt, grenzen aber auch ein. Sie schneiden uns von dem Reichtum, der über diesen liegt, ab.

Jeder möchte etwas besonderes sein und Anerkennung und Aufmerksamkeit bekommen. Dafür tun manche ziemlich viel. Manchmal schon zu viel. Im Extremfall kann das sogar die Tat eines Attentäters sein, der dann endlich im Mittelpunkt steht und ganz groß rauskommt. Nach dem Motto: Wenn ich schon durch keine guten Leistungen beeindrucken kann, dann durch solche. Machtbesessenheit, krankhafte egoistische Züge und ein ausgeprägter Narzissmus sind oft die Ursachen solcher Verhaltensweisen. Die Verrücktheit von der ich hier schreibe, meint aber etwas anderes. Es meint ein Loslassen einschränkender Konzepte und Normen.

Manche verleugnen ihre eigenen Bedürfnisse und versuchen sich an die Gegebenheiten anzupassen, um ja nicht negativ aufzufallen und aus Angst ausgegrenzt zu werden. „Wo kommen wir denn hin, wenn das jeder so macht", hören wir oft von Menschen, die gerne die Norm bewahren wollen. Immer schön mittanzen, heißt die Devise. So manche Institutionen und Unternehmen haben starre Strukturen, die nur schwer veränderbar sind. Erst durch einen gewissen Leidensdruck fangen sie an, etwas zu verändern. Gerade die, die das Geld nicht selbst erwirtschaften müssen und gerne ihre Macht behalten möchten, sind dafür anfällig. Sie haben es ja nicht nötig. Es läuft ja. Und so braucht es manchmal gerade diesen Leidensdruck, der uns aus der Komfortzone bewegt und als Triebfeder für unsere Veränderungen dienen kann. Meister Eckhart sagte einmal: „Das schnellste Ross, das euch zur Vollkommenheit trägt, ist das Leiden."

Um Grenzen zu überschreiten, sowohl physische als auch mentale, und seine Visionen zu verwirklichen, braucht es Mut und Willen. Der Wille versetzt Berge, heißt es schon in der Bibel. Ich bin überzeugt, wenn wir den erforderlichen Willen und die Motivation aufbringen, können wir mehr erreichen als wir denken. Das weiß ich aus meiner eigenen Erfahrung. Als Kind, das nicht wohlbehütet und in besten Verhältnissen aufwuchs, wurde ich nicht besonders gefördert und motiviert. Vermittelt wurde mir eher ein Bild von Bescheidenheit und Beschränktheit. Und auch das Leben, was ich in vielen Familien sah, empfand ich irgendwie grau und trist. Das Ganze sah eher nach einem Funktionieren und Überleben, als nach einem wirklich freien, bejahenden und lebendigen Leben aus.

So dachte ich schon damals, das kann doch nicht das wahre Leben sein. Das Leben muss doch viel mehr bieten. Schon früh beschäftigte ich mich mit Themen, die mich über den Tellerrand schauen ließen. Ich hatte großes Interesse am menschlichen Geist und dessen Lern- und Entwicklungspotenzialen und las darüber zahlreiche Bücher. Alles, was mit mentalem Training, Psychologie und Biographien von Menschen, die ihr Leben in die Hand genommen hatten und sich und die Welt ändern wollten, fand meine Beachtung. Als Neunjähriger begann ich mit dem Training der fernöstlichen Kampfkünste und konnte die Erfahrung machen, dass auch die körperlichen Grenzen stark erweiterbar sind. Hier war das Überschreiten des Normalen deutlich sichtbar und so steigerte ich mein Training immer mehr.

Dies führte ich dann fast drei Jahrzehnte intensiv durch und vernachlässigte manchmal leider so einiges andere. Schule und berufliche Perspektiven waren eher eine nebensächliche Beschäftigung. Im Alter von 13 Jahren kam es dann zu einer Begegnung mit einem koreanischen Kampfkunstmeister. Bei einer größeren Veranstaltung in Frankfurt am Main präsentierten zahlreiche Tae-Kwon-Do-Meister aus Europa und den USA ihr Können. Sie führten verschiedene Übungen und Bruchtests durch. Viele Bretter und Ziegelsteine wurden demonstrativ zerschlagen, um Techniken und die mentalen und körperlichen Kräfte unter Beweis zu stellen. Dann kam der große Auftritt des Großmeisters Kwon Jae-Hwa. Es herrschte große Stille im Raum und lange Zeit tat sich nichts.

Einige, darunter auch ich, wurden schon ungeduldig. Ich bekam aus der Ecke mit, dass er sich für seinen Bruchtest hinter der Bühne vorbereiten würde. „Er meditiert", hörte ich jemanden sagen. Mit dem Begriff „meditieren" konnte ich zu diesem Zeitpunkt nicht viel anfangen. Dann kam er endlich auf die Bühne. Ein kleiner, schmächtiger, etwas älterer Mann stand in völliger Präsenz da. Zunächst führte er ein paar Techniken vor, anschließend legte er einen großen Flusskieselstein auf eine Eisenplatte, hielt kurz inne und schlug dann mit einem donnernden Kampfschrei auf diesen ein. Der Stein zerbrach. Die Wucht, die ganze Energie war für mich spürbar. Es war so, als ob eine Welle durch mich hindurchfloss. Diesen Stein hätten die meisten nicht einmal mit einem Hammer zerbrechen können.

Wie machte er das, fragte ich mich. Aber nicht nur das fand ich erstaunlich, sondern noch etwas anderes. Seine Ausstrahlung, die spürbare Kraft und Energie waren für mich genauso, und vielleicht sogar noch mehr, faszinierend. Der Großmeister nahm später an einem wissenschaftlichen Experiment teil und ließ seine Schlagkraft von Ingenieuren der BMW AG messen. Seine Schlagkraft betrug über 1 Tonne! Als Vergleich: Bei Schwergewichtsboxern mit einem Gewicht von weit über 100 Kilogramm werden im Durchschnitt um die 300 Kilogramm gemessen. Kwon Jae-Hwa war aber zierlich und klein. Ein Leichtgewicht. Nach physikalischen Gesetzen wäre das gar nicht möglich gewesen. Weiterhin fragt man sich, wie seine Handknochen dies aushalten können? Das, was er hatte, und die meisten nicht, war das letzte Wort in dem Kampfkunstnamen Tae-Kwon-Do. Das „Do", welches in den Kampfküsten für den geistigen Weg steht. Etwas, was leider durch die Überbetonung der äußeren Form, der Techniken und dem Wettkampfsport immer mehr verloren gegangen ist. In gewisser Weise ist das ähnlich wie bei der Intuition. Die Erfahrung, die ich mit dem Tae-Kwon-Do-Großmeister machte, war die Initialzündung für meinen spirituellen Weg.

Die „Neun-Punkte-Übung"

Übung

Nachfolgend sehen Sie neun Punkte quadratisch abgebildet. In dieser Übung geht es darum, alle neun Punkte mit einem Stift durch vier Linien zu verbinden. Dabei darf der Stift nicht abgesetzt werden. Probieren Sie es mal aus. Vielleicht kommen Sie zur Lösung. Falls nicht, dann finden Sie am Ende des Buchs den Lösungshinweis.

• • •

• • •

• • •

ATEM – DER RUHENDE ANKER

Der Atem gehört zu den überlebenswichtigen Funktionen unseres Körpers und spielt im Alltag sowie bei vielen Übungen eine zentrale Rolle. Er ist ein starker Verbündeter, um Körper, Geist und Seele zu verbinden und in Ruhe zu bringen. Der Atem funktioniert wie vieles andere in unserem Körper ohne unser Hinzutun. Durch ihn haben wir einen indirekten Einfluss auf das autonome Nervensystem, das heißt auf automatisch ablaufende innerkörperliche Vorgänge wie Herzschlag, Verdauung und Stoffwechsel. Schon vor über 3000 Jahren wurde die Atmung bei den fernöstlichen Meditationsformen sowie den Bewegungskünsten wie Yoga, Qigong und Tai-Chi in den Mittelpunkt gestellt. Die weisen Menschen von damals wussten um die Zusammenhänge von Körper und Geist. Für die Intuition sind Entspannung, Ruhe und Gedankenfreiheit ein wesentlicher Punkt, um ihr Freiräume zur Entfaltung zu geben. Der Atem kann uns dabei sehr nützlich sein.

Übung

Um mit der Praxis der Atemmeditation zu beginnen, ist es hilfreich, eine Zeit zu wählen, in der Störungen am wenigsten zu erwarten sind. Wenn möglich, schalten Sie Ihr Telefon aus und richten Sie den Raum so ein, dass Sie sich in ihm angenehm fühlen. Nehmen Sie auf dem Boden, das heißt auf einem Meditationskissen oder einer Meditationsbank oder auf einem Stuhl, eine bequeme, aber wache Haltung ein. Egal welche Sitzposition Sie wählen, versuchen Sie aufrecht mit einem geraden Rücken zu sitzen. Der Kopf ist aufgerichtet und das Kinn leicht angezogen. Die Augen sind geschlossen oder leicht geöffnet und richten sich in einem Winkel von etwa 45 Grad auf den Boden. Lassen Sie den Blick weich und nicht fokussiert sein. Die Hände können entweder offen auf den Oberschenkeln, Handflächen nach oben oder unten zeigend, oder zusammengefaltet in Form einer Schale im Schoß liegen. Falls Sie beim Sitzen Schmerzen haben, suchen Sie sich eine für Sie angenehmere Haltung aus. Wir üben in der Meditation im gegenwärtigen Moment da zu sein und merken, wenn wir es nicht sind. Denn gerade das ist Achtsamkeit. Während der gesamten Übung lassen Sie Ihre Aufmerksamkeit sanft und entspannt, aber gleichzeitig hellwach und klar sein. Während wir lernen in der Meditation wach, gegenwärtig und ruhig zu sein, wird sich eine tiefere Vertrautheit mit uns selbst und mit der Welt in uns entwickeln.

Spüren Sie den Kontakt Ihrer Füße und Beine mit dem Boden und vielleicht spüren Sie, wie Sie vom Boden und der Unterlage, auf der Sie sitzen, getragen werden. Spüren Sie Ihren Oberkörper, wie er sich aus Ihrem Becken nach oben aufrichtet. Spüren Sie Ihren Rücken, die Schultern, den Nacken und den Kopf. Spüren Sie den Kontakt der Hände. Entweder in Kontakt miteinander oder mit den Oberschenkeln. Den ganzen Körper wahrnehmen. So wie es für Sie im Moment möglich ist.

Und nun lenken Sie Ihre Aufmerksamkeit auf die Tatsache, dass Sie atmen. Nehmen Sie sich als ganzen, atmenden und lebendigen Menschen wahr. In der Übung wird der Atem, unabhängig davon, ob er schnell oder langsam, flach oder tief ist, einfach beobachtet. Er wird angenommen, so wie er ist. Der in der Übungspraxis am Anfang manchmal noch eher kurze Atem wird mit der Zeit immer länger und tiefer. Bei der Übung kann sich die Aufmerksamkeit auf die ein- und ausströmende Luft, deren Temperatur, die Nase und den Rachen sowie die Bewegung der Brust und des Bauches richten. Es ist hilfreich, die Aufmerksamkeit auf die Körperstelle zu lenken, wo Sie den Atem am besten wahrnehmen können. Verweilen Sie mit der Achtsamkeit auf der Körperstelle und atmen Sie einfach. Versuchen Sie auch in der Pause, zwischen der Ein- und Ausatmung, achtsam zu bleiben. Ihre Aufmerksamkeit kann von Zeit zu Zeit zu einem Gedanken, einer Körperempfindung oder etwas anderem abschweifen. Kehren Sie dann sanft mit Ihrer Aufmerksamkeit zur Atmung zurück. Seien Sie mit dem Atem. Erleben Sie den Atem im Atmen.

Die Übung mit dem Atem kann natürlich auch informell im Alltag praktiziert werden. Zum Beispiel im Büro, im Zug oder beim Warten an einer roten Ampel. Dazu brauchen wir nur unsere Aufmerksamkeit auf den Atem zu lenken.

DIE KUNST DES NICHTSTUNS – EINFACH NUR DA SEIN

Eine Form der Achtsamkeitsübung ist das reine Gewahrsein. Im Zen als Shikantaza bezeichnet, was übersetzt so viel wie „nur sitzen" heißt. Ein in der Gegenwart absichtsloses, stilles und waches Sitzen. In der christlichen Kontemplation ist diese Übungsform auch als das „Schauen ins nackte Sein" oder „liebendes Aufmerken" bekannt.

Dabei wird alles, was kommt, so angenommen wie es ist, und nicht bewertet. Diese Art des Übens ist die schwierigste und zugleich intensivste Methode. Meistens geht ihr das Üben mit dem Wort oder dem Atem voraus. Im Gegensatz zu der oben beschriebenen Übung, die den Atem als Fokus hatte, geht es hier um eine Aufmerksamkeit, die frei von jeglicher Bindung ist. Bilder, Gedanken und Gefühle jeglicher Art sollen losgelassen werden. Dazu soll der Übende sich nach innen wenden und lauschen. Dieses Lauschen ist an nichts gebunden. Einfach nur da sein und weder in irgendeine Art von Verstandestätigkeit noch in eine Geistesabwesenheit abgleiten. Nicht denken, nichts wollen und nichts erreichen müssen. Im reinen Bewusstsein und in völliger Präsenz vollkommen in der Gegenwart sein.

Meister Eckhart, einer der einflussreichsten Mystiker des Christentums, gab im 13. Jahrhundert folgenden Rat: „Sein Inneres nimmt man am besten schweigend wahr. Soll das Herz recht bereitet werden, muss es sich ins reine Nichts versenken. Nimm hierfür ein Gleichnis aus dem Leben: Will ich auf einer Tafel schreiben, und darauf steht schon etwas – es mag noch so schön sein –, beirrt mich das. Will ich etwas schreiben, muss ich zuvor tilgen, was auf der Tafel steht. Zum Schreiben eignet sich eine Tafel nur, wenn nichts darauf steht. Was empfangen will, muss zuvor leer sein [...] Die Seele soll von allen äußeren und von allen inneren Werken befreit sein."

Übung

Für die nächste Zeit lassen Sie alle Objekte Ihrer Aufmerksamkeit los. Es geht um eine Aufmerksamkeit, die frei von jeglicher Bindung ist. In der Übung erforschen wir, was es heißt, wirklich im Hier und Jetzt zu sein. Nur da zu sein, in der vollkommenen Bewusstheit des eigenen Daseins.

Versuchen Sie bewusst und hellwach ganz in der Gegenwart zu sein. Nur sitzen, stehen oder liegen, ohne Absicht, ohne etwas zu wollen. Augenblick für Augenblick geschehen lassen. Mit einem offenen Gewahrsein in den Raum der unbegrenzten Möglichkeiten eintauchen. Die Vergangenheit ist vorbei und die Zukunft noch nicht da, was zählt, ist der jetzige Moment. Nur das Jetzt. Erlauben Sie dem gegenwärtigen Moment sich zu entfalten und erlauben Sie ihm zu sein, wie er ist. Seien Sie einfach nur da, mit all dem, was zu Ihnen gehört. Öffnen Sie sich und lauschen Sie in die Stille. Dieses Lauschen ist frei und offen. Versuchen Sie weder ins Denken noch in eine Geistesabwesenheit abzugleiten. Seien Sie reines Bewusstsein und spüren Sie mit all Ihren Körperzellen in und um sich herum.

Lassen Sie Ihre Aufmerksamkeit sanft und entspannt, aber gleichzeitig hellwach und klar. Es sollte keine bestimmte Erfahrung gesucht, sondern alles, was kommt, mit einem offenen Geist akzeptierend und beurteilungsfrei angenommen werden. Sie können den Atem, eine Körperempfindung oder ein Gefühl oder irgendwelche äußeren Sinneseindrücke wie ein Geräusch wahrnehmen. Alles darf da sein und nichts wird festgehalten. Falls Sie bemerken, dass Sie irgendetwas festhalten, z. B. einen Gedanken oder ein Geräusch, nehmen Sie freundlich Abstand davon. In der Praxis geht es um ein Zu- und Loslassen aller Dinge und um die Erweiterung der Achtsamkeit für das offene Gewahrsein in der Gegenwart.

Lauschen Sie in einer empfangenden und offenen Haltung, ohne etwas hören oder erreichen zu wollen. Gedanken, die möglicherweise kommen, können sich um die Vergangenheit oder Zukunft drehen, sie können angenehm oder unangenehm sein. Nehmen Sie sie einfach wahr als das, was sie sind, und lassen Sie los. Seien Sie vollkommen und ganz in der Gegenwart. Seien Sie einfach da.

Prinzipiell kann man bei der Meditationspraxis zwei Aspekte unterscheiden: die Bewusstseinssammlung und die Bewusstseinsleerung. Bei der Bewusstseinssammlung wird mithilfe eines Fokus wie Atem oder Wort versucht, den Geist an ein Objekt zu binden, um sich von umherschwirrenden Gedanken frei zu machen und in eine tiefere Stille und Sammlung zu kommen. In der Bewusstseinsleerung wiederum geht es um ein Weiten des Bewusstseins. Hier wird die Aufmerksamkeit auf nichts gerichtet. Das Bewusstsein ist somit frei von jeglicher Verstandestätigkeit und allen Bindungen. Es ist ein Öffnen und Fallen-Lassen in einen erweiterten Bewusstseinsraum, in dem Grenzen wie Zeit und Raum nicht vorhanden sind.

Die Achtsamkeitspraxis kann man einerseits formell durch Achtsamkeitsmethoden aus verschiedenen Schulungswegen erlernen, andererseits aber auch informell im Alltag ausüben. Möglichkeiten gibt es im Alltag genügend. Hier sollten Ausreden wie „Ich habe keine Zeit" nicht gelten. Eine bis drei Minuten Zeit kann jeder aufbringen. So kann man an der Ampel bei Rot einfach innehalten und seinem Atem folgen. Viele Aufgaben können mit einer achtsamen Haltung ausgeführt werden. In der Praxis geht es immer um eine achtsame Präsenz im Hier und Jetzt. Derzeit ist ein reichliches Angebot an Achtsamkeitsseminaren zu finden. Die Kurse richten sich an Anfänger, Wellnessorientierte, Menschen mit stressbedingten Krankheiten sowie Führungskräfte. Der Autor und Journalist Wenderoth erklärt zum Letzteren bzw. zur Zen-Meditation, deren Kernaspekt die Achtsamkeit ist: „Zen ist für jeden gut, der es praktiziert. Und beileibe keine Erfindung für Manager. Doch gerade jene können in besonderem Maß davon profitieren. Weil sie oft genug Verantwortung tragen, die eigentlich eine allseitig entwickelte Persönlichkeit verlangt. Es ist natürlich eine schöne Sache, wenn jemand gelernt hat, wie er sich auf der Karriereleiter durchboxt, aber geistige Offenheit, Intuition, die Fähigkeit, nicht fixiert zu sein und das eigene Ego bei Bedarf vollständig zurückzustellen (meist ist der Bedarf größer, als sie denken!), scheint in vielen Führungsetagen immer noch unterentwickelt."

Für das Achtsamkeitstraining sind keine Prämissen vorhanden und die Praxis ist frei von geistigen Konzepten und bewussten gedanklichen und emotionalen Inhalten. Der spirituelle Hintergrund und die Ausrichtung des Lernenden spielen keine Rolle bei der Schulung der Intuition. Wie auch aus den Aussagen der Interviewpartner hervorgeht, scheint die Achtsamkeitspraxis gerade ganzheitliche und intuitive Aspekte gezielt zu schulen bzw. zu fördern. So kann diese Art von Schulung als der Gegenpol zu den im Westen eher rational und logisch ausgerichteten Bildungsmaßnahmen betrachtet werden.

DIE SCHLÜSSELFRAGE

Die oben beschriebenen Übungen sind sehr gut geeignet, um in Ruhe und Stille zu kommen und um die Intuition zu entwickeln. Sie helfen uns, geistige Klarheit zu gewinnen und uns selbst und unsere Umwelt besser wahrzunehmen. Neben den vorgestellten Achtsamkeits- bzw. Meditationsübungen kann man die Schulung der Intuition auch durch bestimmte Visualisierungsübungen und Fragetechniken fördern. Eine davon ist die Übung mit der Schlüsselfrage, die ich hier vorstellen möchte.

Wenn wir eine Entscheidung treffen müssen oder eine Lösung für ein Problem suchen, dann sind es weniger die Antworten im Außen, sondern vielmehr die an uns selbst gestellten Fragen, die uns zu tieferen Erkenntnissen führen können. Fragen, die einen intuitiven und unbewussten Lösungsprozess in uns anstoßen und zu einem bestimmten Zeitpunkt in irgendeiner Art dann als Lösung bereitstehen. Wir haben alle mal die Erfahrung gemacht, dass uns Menschen den einen oder anderen Hinweis bzw. gut gemeinten Ratschlag gaben. Auch wenn dieser vielleicht richtig war, führte er aber nicht unbedingt zum gewünschten Ziel. Die gelieferte, vorgekaute Antwort löste nicht den tieferen, intuitiven Lösungsprozess aus.

Im Zen habe ich bei meinem Lehrer, Willgis Jäger, mehrere Jahre mit Koans gearbeitet. Koans sind Dialoge aus alten Zeiten zwischen Meister und Schüler bzw. Aussagen und paradoxe Fragen, die für Laien keinen Sinn ergeben. Die Lösung, die nicht über die Logik und das Denken erfolgen kann, führt den Übenden zur tieferen Einsicht und Nondualität. Über die Frage wird nachgesinnt und meditiert, und wenn der Verstand an seine Grenze kommt bzw. das diskursive Denken aufgehoben wird, kann der tiefere Sinn des Koans erscheinen.

Hier ein Beispiel aus dem Buch „Mumonkan – Die torlose Schranke": Goso sagte: „Am Beispiel erläutert ist es so, als ob eine große Kuh durch ein vergittertes Fenster ginge. Hörner, Kopf und die vier Beine sind schon durch. Warum kann ihr Schwanz nicht auch noch durchkommen?"

Versuchen Sie mal darauf eine Lösung zu finden. Wenn Ihnen hier jemand die Antwort gäbe, würde Ihnen das gar nicht nutzen. Denn die Antwort wäre einfach eine tote Information, die bei Ihnen keinen tieferen Lösungsprozess angestoßen hätte. Die Frage ist hier der Funke, der das Feuer in Ihnen entfacht, um die Augen für die wahre Wirklichkeit zu öffnen. Die meisten Lösungen liegen in uns, das ist die gute Nachricht. Wir brauchen aber eine gewisse Übung, um uns den Zugang zu ihnen zu verschaffen. Hier geht es um Antworten und Entscheidungsprozesse, die sich unserer zahlreich gemachten Erfahrungen und anderer unbekannter Variablen bedienen. Der große indische Weise Ramana Maharshi gab seinen Schülern zur Übung die existenzielle Frage auf: „Wer bin ich?" Dies sollte der Übungsweg der Selbstergründung sein. Es waren keine langatmigen Vorträge, Philosophien oder Ratschläge, wie man zur tieferen Erkenntnis kommen kann, sondern diese kurze Frage. Wer bin ich?

Und so geht es allgemein bei der Schulung der Intuition und der nachfolgenden Übung weniger um Quantität und eine Ansammlung von Techniken, sondern um ein Weiten und Vertiefen des Bewusstseins, das uns zur Quelle der Intuition führen kann.

Übung

Setzen oder legen Sie sich hin und nehmen Sie eine für Sie entspannte Haltung ein. Schließen Sie die Augen und nehmen Sie wahr, wie Sie im Moment da sind. Spüren Sie Ihren Körper als Ganzes und machen Sie sich dann Ihrer einzelnen Körperteile bewusst. Spüren Sie Ihre Füße und Ihre Beine, den Rücken, den Bauch und die Arme. Spüren Sie auch Ihren Kopf und lenken Sie dann langsam Ihre Aufmerksamkeit auf den Atem. Einfach den Atem wahrnehmen, wie er kommt und geht. Lassen Sie sich für diese Übung einige Minuten Zeit. Lassen Sie los und vertrauen Sie dem Prozess.

Nun stellen Sie sich eine gegenwärtige oder zukünftige Situation vor, bei der sie eine Entscheidung treffen wollen. Sie sollen sich jede einzelne Möglichkeit im Detail vorstellen. Suchen Sie nicht gedanklich nach einer Lösung und analysieren Sie nicht, sondern führen Sie sich die verschiedenen Aspekte deutlich vor Augen. Das könnte eine Entscheidung im Beruf, zum Beispiel das Annehmen einer anderen Stelle, oder ein Beziehungsproblem mit einem Menschen im privaten oder beruflichen Umfeld sein. Werden Sie sich der Situation, der Menschen, der Gegenstände und auch anderer Details wie der Gerüche, der Farben und alles anderen, was damit zu tun hat, bewusst.

Um Klarheit zu schaffen, stellen Sie sich dann die folgende Frage: Will ich das Problem wirklich lösen bzw. will ich eine Entscheidung treffen? Hier wird die Intuition noch mal geschärft bzw. im Unbewussten Klarheit geschaffen. Denn vielleicht ist ein Teil in uns für eine Entscheidung noch nicht bereit oder andere Sachen stehen aktuell im Vordergrund. Dann ist zu schauen, ob die Übung zu einem anderen Zeitpunkt durchgeführt werden sollte oder andere unterstützende Maßnahmen hilfreich wären.

Nun wiederholen Sie die Frage, auf die Sie eine Antwort suchen, still in sich. Halten Sie die Verbindung zu dem Thema aufrecht und schauen Sie, ob es Ihnen möglich ist, die Frage in jede Zelle des Körpers einfließen zu lassen und im ganzen Körper wahrzunehmen. Vielleicht verändern Sie noch etwas in der Formulierung, damit das Ganze sich für Sie stimmig anfühlt. Sie können die Frage oder das Thema auch auf eine Karte schreiben und in ruhiger Minute oder auch vor dem Schlafengehen oder beim Aufstehen vorlesen. Wichtig ist der Übung Zeit und Raum zu geben, damit der Lösungsprozess angestoßen wird und sich die Intuition entfalten kann.

Fragen, die den Prozess unterstützen, sind: Welcher Hinweis bzw. welche Botschaft könnte mir jetzt helfen? Welche Erinnerung wäre hilfreich, um eine Lösung zu finden? Was oder wer könnte mir bei der Entscheidung oder bei meinem Problem helfen? Was steht mir im Weg? Versuchen Sie dabei nicht in eine Verstandestätigkeit abzugleiten, sondern nehmen Sie alles, was kommt, in einer freundlichen Akzeptanz beurteilungsfrei auf. Was können Sie im Körper wahrnehmen?

Welche Gedanken und Gefühle tauchen auf? Eine Antwort bzw. eine Botschaft kann sich in Form eines Bildes, einer beson-

deren Erinnerung oder eines Gefühls zeigen. Hier gilt es nicht, gleich auf das erste Signal zu reagieren. Halten Sie Ihr Wahrnehmungsfeld offen, bis Ihnen die Botschaft bzw. die Lösung immer klarer wird. Eine Antwort auf die gestellte Frage entsteht oft nicht gleich. Deshalb ist es wichtig, in der nachfolgenden Zeit besonders achtsam zu sein. Manche Antworten kommen ganz spontan und unverhofft. In diesem Prozess können im Alltag, das heißt in Kontakt mit anderen Menschen oder in bestimmten Situationen, wertvolle Hinweise entstehen. Zufällige Momente, in denen wir einen Schub in Richtung der gesuchten Lösung bekommen. So berichten manche Menschen, dass ihnen ein bestimmtes Buch in die Hände „gefallen" ist oder sie Personen begegnet sind, die ihnen entscheidende Antworten auf die gesuchten Fragen gaben.

Träume können in dieser Phase hilfreiche Botschaften liefern. Durch die Übung wird quasi eine Initialzündung im Unbewussten ausgelöst. Der intuitive Prozess läuft ständig weiter, auch wenn wir uns dessen nicht bewusst sind. Ich kann mich selbst ziemlich gut an viele und intensive Träume erinnern. So war ich in den Wochen, in denen ich vermehrt durch Meditationsübungen mit dem Unbewussten Kontakt aufnahm, mit starken Bildern konfrontiert. Seltsame und rätselhafte Bilder tauchten auf und meistens wusste ich nicht, was sie mir sagen wollten. Es brauchte Zeit, bis ich diese Intuitionen, die tieferen Botschaften der Träume, verstand.

INTUITIVES SCHREIBEN

Eine Möglichkeit, die Übung mit der Schlüsselfrage zu erweitern bzw. auf eine andere Art durchzuführen, kann durch das intuitive Schreiben geschehen. Die durch die Schlüsselfrage ausgelösten Assoziationsketten können frei aufgeschrieben werden. Dadurch erfolgt eine Konkretisierung und die Dinge können klarer erkannt werden. Wir kommen so intuitiv zu hilfreichen Erkenntnissen und Einsichten. Durch das intuitive Schreiben verlagern wir zahlreiche bewusste und unbewusste Gedanken, Bedürfnisse und Motivationen nach außen. Vieles, was in unserem Kopf schlummert, bekommt so eine Form. Das Schreiben geschieht um des Schreibens willen und nicht mit dem Ziel, etwas Bestimmtes zu erreichen.

Übung

Schreiben Sie auf einem Blatt zunächst die Schlüsselfrage auf. Das heißt die Frage, auf die Sie eine Antwort suchen. Sie können aber auch ein Thema, wie zum Beispiel „Meine berufliche Entscheidung", aufschreiben. Halten Sie für einige Zeit inne und lassen Sie dann Ihre Hände intuitiv schreiben. Beobachten Sie, ob es Instanzen in Ihnen gibt, die noch Kontrolle ausüben wollen. Der Perfektionist, der Kritiker oder andere Persönlichkeitsanteile, die Sie in Ihrem freien und intuitiven Prozess bremsen wollen. Lassen Sie ES schreiben und vertrauen Sie dem Prozess. Aus der Schlüsselfrage entstehen Gedanken und Assoziationsketten, die sich dann immer mehr ausweiten und zur Lösung beitragen. In der Übung ist alles erlaubt und so manches, was unsinnig erscheint, darf sein. Durch die Erlaubnis regen wir unser Gehirn bzw. unser Unbewusstes an und schaffen damit neue Ideen und für uns passende Lösungen.

Nehmen Sie am Ende das, was Sie geschrieben haben, wahr und spüren Sie in sich hinein. Manches wird Ihnen möglicher-

weise nicht gleich klar sein. Lassen Sie es ruhen und schauen Sie es sich von Zeit zu Zeit wieder an. Zur passenden Zeit, in einem bestimmten Augenblick, werden Sie in dem geschriebenen Text einige Inspirationsquellen entdecken.

DIE INTUITIONSPRÜFUNG

Nicht alles, was durch die Intuitionsübungen in unserem Inneren und Äußeren entsteht, muss bei der Entscheidungsfindung richtig sein. Unser Geist hat im Laufe des Lebens auf der bewussten und unbewussten Ebene viel aufgenommen und ein Großteil wurde durch unterschiedliche Mechanismen und Prägungen gefiltert und wahrgenommen. Somit ist wichtig, die Intuition richtig zu interpretieren und die auftauchenden Gedanken und Gefühle auch kritisch zu hinterfragen. Bei Entscheidungen bewegen wir uns im Dreieck von Verstand, Emotionen und Intuition.

Ein hilfreiches Kriterium bei Entscheidungen ist, zu schauen, ob die Intuition, das heißt das Signal bzw. die Botschaft, konstant bleibt. Wechselt beispielsweise öfter das Bild oder das Gefühl, handelt es sich wahrscheinlich weniger um eine richtige Intuition, sondern vielmehr um einen oberflächlichen Impuls, der aus zahlreichen Wünschen und verzerrten Sichtweisen unseres egogesteuerten Verstandes entstanden ist. Sie können auch bewusst die Intuition bzw. das entstandene Bild oder den Gedanken ändern und beobachten, ob diese in den Ursprungszustand zurückgehen. Bei manchen Fragen oder Themen werden Sie vielleicht keine Antwort bekommen. Dann sollte die Frage bzw. das Thema konkretisiert werden. Eine allgemein gestellte Frage wie: „Was sollte ich nächstes Jahr machen?" ist zu allgemein gestellt. Spezifizieren Sie die Frage genauer.

Menschen können die Intuition unterschiedlich wahrnehmen. Je nach Typ nehmen sie die Intuition eher durch ein Bild oder durch ein Gefühl bzw. eine Körperempfindung wahr. Eine Möglichkeit ist, Farben als Unterstützung zu nehmen. Dafür bieten sich die Farben der Ampel an. Durch unsere Konditionierung haben diese Farben (Rot, Gelb und Grün) eine unmissverständliche Signalbotschaft. Die Symbolfarben schaffen einen gewissen Abstand von den individuellen Eigenarten des Gefühlslebens und können somit den Entscheidungsprozess erleichtern.

Eine weitere Methode, die intuitiven Erfahrungen zu prüfen, kann durch das Aussprechen einer Aussage und der Übereinstimmung von Denken, Fühlen und Handeln erfolgen. Hier werden vor allem Gefühle und Körperempfindungen angesprochen. Anstatt der Fragen sprechen wir Aussagen aus, die einen Bezug zu unserer Intuition haben. Nehmen wir mal an, Sie haben zu einer beruflichen Frage eine Intuition gehabt und sind nicht sicher, ob diese auch richtig ist. Werden Sie sich zunächst dieser Intuition bzw. Entscheidung und damit verbundener Aspekte bewusst und sprechen Sie die Aussagen zu diesem Thema am besten laut aus. Das könnte folgendermaßen aussehen: „Die Entscheidung, die ich getroffen habe, ist vollkommen richtig"; „In diesem Job werde ich mich wohlfühlen"; „Dieser Job bringt mich zu meinem gewünschten Ziel"; „Die Intuition kommt aus meinem tiefsten Inneren". Dabei ist es hilfreich, die Aussagen etwas zu intensivieren. Sie können sich dabei auch in die Zukunft versetzen und die Aussagen in der Gegenwartsform sprechen. Bei diesem Test ist auf zwei Aspekte zu achten:

- Sind die entstandenen Gefühle und die Körperempfindungen kongruent zu Ihrer Intuition? Das heißt, haben Sie das gleiche Gefühl wie bei Ihrer Intuition, die Sie für Ihre Entscheidung bekommen haben?

- Entspringen die Gefühle und Körperempfindungen Ihrer inneren authentischen Überzeugung bzw. Ihrer Intuition oder sind sie das Resultat Ihrer verinnerlichten Glaubenssätze und Konditionierungen?

So kann ein Nein bedeuten, dass es sich nicht um eine wirkliche Intuition handelt, sondern eher um einen Glaubenssatz bzw. eine hinderliche Konditionierung, die uns bei der Entscheidung im Wege steht. Wir alle tragen in uns bestimmte Glaubenssätze, die uns bei der Weiterentwicklung behindern können. Glaubenssätze sind bewusste oder unbewusste Überzeugungen und Meinungen über uns selbst, über andere oder die Welt. Negative schränken uns ein und begrenzen unsere Gedanken. Ein Glaubenssatz wie „Ich darf nicht erfolgreich sein" oder „Ich bin nicht gut genug" kann sich sehr stark in den Vordergrund stellen und uns bei einer Intuition bzw. unserer Persönlichkeitsentwicklung hindern. Positive Glaubenssätze können unsere Entwicklung zwar fördern, müssen in einem Intuitionsprozess aber nicht unbedingt von Vorteil sein. Denn bei der Intuition geht es nicht um ein Schönmalen der Realität oder positives Denken, sondern um unseren Weg, der aus unserem authentischen Inneren entspringt.

Wenn sich die Intuition für Sie stimmig fühlt, innere Widerstände Sie aber in Ihrer Entscheidung hindern, dann sollte geschaut werden, was hinter diesem Widerstand liegt. Manche Verhaltensweisen, auch wenn sie für unsere Weiterentwicklung nicht förderlich sind, könnten einen sekundären Nutzen haben. Den Grund zu erkennen ist wichtig, um wirklich loslassen zu können. Hier ist es hilfreich sich die Frage zu stellen: Welchen „Nutzen" habe ich, wenn ich so denke bzw. in der gewohnten Situation bleibe? Manche erkennen dadurch, dass vielleicht Beziehungen verloren gehen oder sie mehr Selbstverantwortung für ihr Leben übernehmen müssen. Das schürt bei vielen unbewusste Ängste. Am Ende führt aber kein Weg daran vorbei, wenn man sich für ein authentisches und freies Leben entschieden hat. Das Aufgeben alter Denk- und Verhaltensmuster ist im Prinzip ein Loslassen einer Identität, die von außen oder durch uns selbst im Laufe der Jahre aufgebaut worden ist. Wir alle sind mehr oder weniger mit gewissen Persönlichkeitsanteilen und Rollen identifiziert. So werde ich beispielsweise als Vater, Lehrer, Führungskraft oder Angestellter bestimmte Verantwortungen und Verhaltensweisen übernehmen und leben. Diese Rollen einzunehmen und das Handeln nach ihnen zu richten, ist nicht das eigentliche Problem, sondern die Abhängigkeit von diesen. Wir sollten uns immer wieder vergegenwärtigen, dass dies letztendlich nur ein Gedankenkonstrukt bzw. eine Einstellung ist, um nach bestimmten Regeln in einer Gesellschaft zu funktionieren.

Der Körper sendet uns oft hilfreiche Signale. So sind Körperempfindungen, die wir wahrnehmen, Botschaften, dass etwas stimmt oder nicht stimmt. Ein freies Fließen im Körper oder Verspannungen melden uns das ziemlich klar. Es ist die Weisheit des Körpers. Der Körper ist wesentlich authentischer als die Sprache. Hinter den Wörtern können wir uns eher verstecken. Wir können verdrängen, verleugnen, rationalisieren, bagatellisieren und schönreden. Wir können uns selbst belügen, aber unser Körper wird fühlen, wie er zu fühlen hat.

Ich kann mich deutlich an eine Situation erinnern, in der ich eine berufliche Entscheidung treffen sollte. Man bot mir ein interessantes Angebot an und ich musste nur noch den Vertrag unterschreiben. Vom Kopf her war alles klar. Die Daten und Fakten waren verständlich und passend, aber mein Körper meldete sich ziemlich stark mit negativen Empfindungen. Ich spürte Verkrampftheit und Kälte und alles in meinem Körper sagte Nein. Im Gespräch mit dem Vertragspartner lehnte ich dann spontan und ohne groß nachzudenken das Angebot ab. Als ich nach Hause kam, erzählte ich das meiner Frau und reflektierte darüber. Es meldeten sich einige kritische Stimmen und trotzdem war die getroffene Entscheidung für mich klar. Nach einiger Zeit erfuhr ich dann mehr über die angebotene Stelle und stellte fest, dass mir meine Intuition den richtigen Hinweis gegeben hatte.

In der nachfolgenden Abbildung sehen Sie die beschriebenen Orientierungspunkte für die Prüfung und die Signale der Intuition.

In der Abbildung sind einige Möglichkeiten aufgezeigt, wie die Intuition überprüft werden kann bzw. welche Signale sich zeigen können. Diese müssen sich aber nicht immer so klar und in dieser Weise zeigen. Denn Intuition lässt sich nicht vermessen und wie eine mathematische Aufgabe testen. Sie ist offen, weich und nicht eingrenzbar. Sie sollten am Ende Ihrem Gefühl und Ihrem Herzen vertrauen.

Richten Sie den Blick nach innen und nehmen Sie die tieferen intuitiven Botschaften wahr. Haben Sie Geduld und vertrauen Sie Ihrer Intuition, und achten Sie auch öfter im Alltag auf die Signale, die sie Ihnen sendet. Manchmal werden Unsicherheiten auftauchen und Sie werden nicht wissen, wie Sie sich entscheiden sollten. Das Unbekannte macht uns Angst, bietet aber gleichzeitig auch die Chance, die gewohnten Pfade zu verlassen und einen neuen Weg zu beschreiten. Dieser Weg, wenn er aus der Weisheit des Herzens kommt, ist dann der richtige und führt uns zur größeren inneren Freiheit.

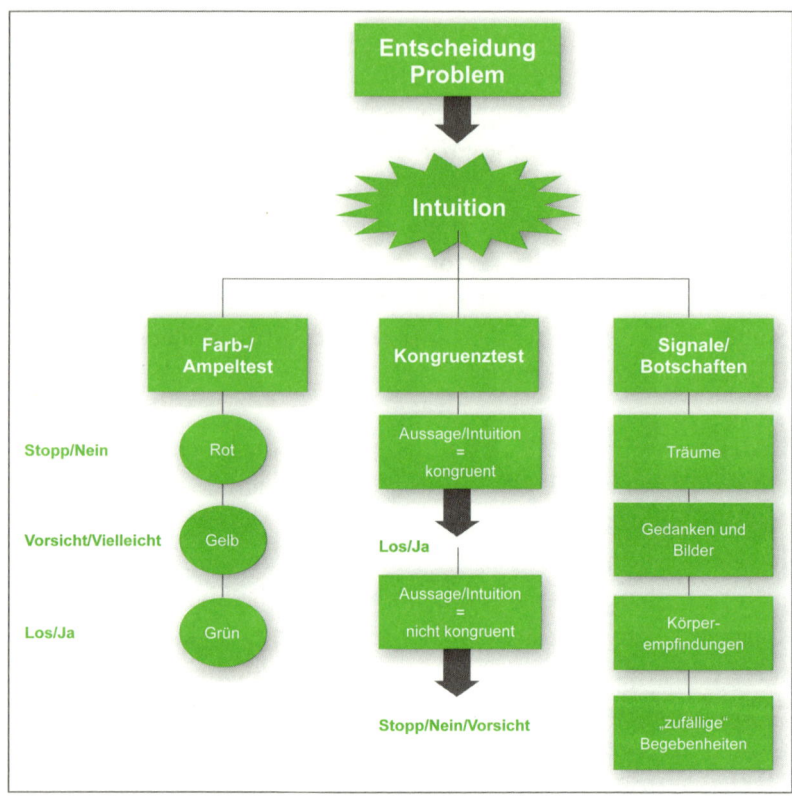

Die Prüfung und die Signale der Intuition

Dafür braucht es Übung und eine gewisse Disziplin. Damit meine ich weniger Strenge und Ehrgeiz, sondern das Setzen von Prioritäten für das eigene Leben. Seien Sie bei den Übungen einladend und offen und nehmen Sie eher eine leichte und spielerische Haltung ein. Intuition kann man nicht erzwingen, sie braucht Entfaltungsmöglichkeiten und Zeit. Erwarten Sie nicht gleich den großen Geistesblitz. Meistens sind es die kleinen, feinen Botschaften, die sich wie kleine Puzzlesteine zu einem Ganzen zusammenfügen. Seien Sie inspiriert und bleiben Sie Ihrem Weg treu.

NACHWORT

„Durch Logik beweisen wir, aber durch Intuition entdecken wir."
Jules Henri Poincaré

Die Menge an verfügbaren Informationen wächst heute stetig an. Unsere Zeit ist geprägt von einem Anstieg der Komplexität und der Herausforderungen. Umso schwerer fällt es, Entscheidungen zu treffen. Rationales Denken allein reicht nicht aus, um Probleme zu lösen.

Kognitionswissenschaftliche Erkenntnisse deuten darauf hin, dass neben dem bewussten, rationalen Denken andere Potenziale existieren, die uns helfen, Probleme zu lösen und die Aufgaben und Herausforderungen des modernen Alltags zu bewältigen. Dazu gehört die Intuition. „Intuition ist heute ein Erfolgsfaktor, keine Schwäche", meint der Personalberater Maik Lehmann. Daneben stellt sich die Frage, ob die Intuition heute eine neue Art von Soft Skill ist, das ihnen hilft, bessere Entscheidungen zu treffen, um noch erfolgreicher und wettbewerbsfähiger zu sein. Oder ist sie nur ein neuer Trend im Bereich der Persönlichkeitsentwicklung? Eine Möglichkeit, die alten Trainingsmethoden durch neue zu ersetzen?

Nein, Intuition ist mehr. Bei den meisten Menschen ist sie wie die Stimme eines weisen Menschen, der einem Schlafenden etwas erzählt. Durch die Intuitionsschulung wachen wir auf und nehmen die Stimme wahr, die eigentlich schon immer in uns war. Es ist die innere Führung, die in uns Kreativität und Sicherheit freisetzt und uns in den Raum der unbegrenzten Möglichkeiten führt. Es geht um ein Aufwachen und ein präsentes und verantwortungsvolles Sein in der Welt.

Um die Intuition zu entwickeln, braucht man neben einer geeigneten Schulungsmethode Offenheit, Vertrauen und den Mut, auf sie zu hören und ihr zu folgen. Sie lässt sich fördern und bis zu einem gewissen Maß schulen, aber intuitive Erfahrungen kann man nicht erzwingen oder willentlich in die Wege leiten. Verbessern lässt sich jedoch die Fähigkeit, eine Intuition zu haben oder wahrzunehmen. Nicht der Inhalt, sondern der Zugang zu einer Intuition lässt sich also entwickeln. Sicherlich ist noch zu unterscheiden, um welche Art von Intuition es sich handelt. Es ist leichter, eine Intuition im zwischenmenschlichen Bereich zu schulen – eine Intuition also, die mit Empathie einhergeht und durch Spiegelung und Resonanz entsteht. Fördern lässt sich sicher auch die Intuition, in der automatisierte Entscheidungs- und Steuerungsprozesse zum Ausdruck kommen. Schwieriger ist es mit einer Intuition, die zu der Kategorie der „außersinnlichen Erfahrungen" oder „Geistesblitze" gehört. Diese kann als eine Art „Zufallsprodukt" betrachtet werden. Aber es könnte möglich sein, durch Achtsamkeitstraining die Zufallswahrscheinlichkeit zu erhöhen. Es ist daher wichtig, sich zu öffnen und bereit machen zu können.

Bei komplexen Entscheidungen ist die Intuition von Vorteil, wenn Genauigkeit und Präzision eine Rolle spielen, jedoch das bewusste Denken. Achtsamkeitstraining schafft Abstand von diskursiven Denkprozessen, sie kann den Zugang zum Unbewussten ebnen und uns wertvolle Erkenntnisse ermöglichen. Der Kern dieser Praxis ist die Erfahrung, und nicht etwa die intellektuelle Auseinandersetzung mit der Funktionsweise des Geistes. Der Molekularbiologe und Meditationslehrer Matthieu Ricard erklärt zur Achtsamkeitspraxis: „Es genügt nicht, angestrengt darüber nachzudenken, wie der Geist funktionieren könnte, und dann komplexe Theorien aufzustellen, wie es Freud beispielsweise getan hat. Solche intellektuellen Abenteuer kön-

Nachwort

nen 2000 Jahre direkter Erforschung der Arbeitsweise des Geistes anhand ergründender Introspektion nicht ersetzen."

Sowohl für das Individuum wie auch für die Gesellschaft ist es wichtig, sich die Bedeutung der Intuition bewusst zu machen. Nicht nur die Schulung der Logik und der Sprache ist bei der Entwicklung der menschlichen Kompetenzen wichtig. Fähigkeiten, die im klassischen Schulsystem und im globalen Wettbewerb um wirtschaftliche Macht oft im Vordergrund stehen. Wir brauchen ebenso eine Bewusstseinsbildung, also eine Bildung des Seins, die den Menschen in seiner Ganzheit erfasst und ihn im Einklang mit der Natur und seinem individuellen Entwicklungsprozess fördert. Kreativität und Intuition, das „Über-den-Tellerrand-Schauen", ist die Grundlage, um überhaupt Informationen bzw. das erlernte Wissen effizient und effektiv anwenden zu können. Dies hilft uns aus festgefahrenen Denkmustern auszubrechen und in der neu gewonnenen Freiheit und den erweiterten Räumen des Bewusstseins passende Lösungen für unser Leben zu finden.

Die Vorgehensweise bei Entscheidungen und die Fehlerkultur, die in Unternehmen und im Bildungssystem herrschen, sind weitere wichtige Faktoren. Nur dort, wo Fehler toleriert und als ein Bestandteil des Lebens verstanden werden, können Menschen sich öffnen und es wagen, bei der Suche nach Lösungen andere Wege zu beschreiten und dabei mehr auf ihre „innere Stimme" zu hören. Es soll dabei kein Gegensatz zwischen Intuition und Rationalität konstruiert werden im Sinne eines Entweder-oder; es geht um ein ausgewogenes Sowohl-als-auch, um die Herausforderungen des Lebens besser zu bewältigen. Intuition, dieses tiefere ganzheitliche Wissen, schafft ein Urvertrauen, es schenkt ein Gefühl der Sicherheit und ermöglicht das Loslassen einschränkender Konzepte und Sorgen und somit ein gelasseneres und zufriedeneres Leben.

Literatur- und Quellenverzeichnis

Bauer, Joachim (2006): Warum ich fühle, was du fühlst. Intuitive Kommunikation und das Geheimnis der Spiegelneurone. 10. Aufl., Hamburg: Hoffmann und Campe Verlag.

Burkhard, Alois (2011): Achtsamkeit – Entscheidung für einen neuen Weg. Wissen & Leben. 1. Nachdruck 2011 der 1. Aufl., 2010. Stuttgart: Schattauer Verlag.

Damasio, Antonio R. (2011): Selbst ist der Mensch. Körper, Geist und die Entstehung des menschlichen Bewusstseins. München: Siedler Verlag.

Damasio, Antonio R. (2005a): Der Spinoza-Effekt. Wie Gefühle unser Leben bestimmen. Berlin: List Verlag.

Damasio, Antonio R. (2005b): Descartes' Irrtum. Fühlen, Denken und das menschliche Gehirn. 2. Aufl., Berlin: List Verlag.

Dijksterhuis, Ap (2010): Das kluge Unbewusste. Denken mit Gefühl und Intuition. Stuttgart: Klett-Cotta Verlag.

Dürr, Hans-Peter (2012): Geist, Kosmos und Physik. Gedanken über die Einheit des Lebens. 6. Aufl., Amerang: Crotona Verlag.

Gigerenzer, Gerd (2008): Bauchentscheidungen. Die Intelligenz des Unbewussten und die Macht der Intuition. München: Goldmann Verlag.

Gigerenzer, Gerd (2013): Risiko. Wie man die richtigen Entscheidungen trifft. 5. Aufl., München: Bertelsmann Verlag.

Grün, Anselm (2009): Mystik. Den inneren Raum entdecken. Freiburg, Basel, Wien: Herder Verlag.

Grewe, Meike; Reinhard, Jennifer; Remke, Susann; Seitz, Josef (2014): Immun gegen Stress. Schluss mit Burn-out: Meditation wird das Geheimnis der Erfolgreichen. In: Focus. Nr. 19/14 vom 05.05.2014, S. 82.

Hanh, Thich Nhat (2013): Achtsam arbeiten, achtsam leben. Der buddhistische Weg zu einem erfüllten Tag. München: Barth Verlag.

Hobohm, Heinz-Uwe (2013): Vom Verstand zur Intuition. Wie man die Sackgasse Egoismus überwindet. Petersberg: Via Nova Verlag.

Iacoboni, Marco (2011): Woher wir wissen, was andere denken und fühlen. Das Geheimnis der Spiegelneuronen. München: Goldmann Verlag.

Jäger, Willigs (2003): Suche nach dem Sinn des Lebens. Bewusstseinswandel durch den Weg nach innen. Vorträge, Ansprachen, Erfahrungsberichte. 8. Aufl., Petersberg: Via Nova Verlag.

James, William (1997): Die Vielfalt religiöser Erfahrung. Eine Studie über die menschliche Natur. Frankfurt am Main, Leipzig: Insel Verlag.

Kahneman, Daniel (2012): Schnelles Denken, langsames Denken. 8. Aufl., München: Siedler Verlag.

Kast, Bas (2009): Wie der Bauch dem Kopf beim Denken hilft. Die Kraft der Intuition. Frankfurt am Main: Fischer Taschenbuch Verlag.

Keysers, Christian (2013): Unser empathisches Gehirn. Warum wir verstehen, was andere fühlen. München: Bertelsmann Verlag.

Lucadou, Walter von; Zahradnik, Frauke (2005): Die verschwiegene Erfahrung. Ungewöhnliche Erlebnisse in der transpersonalen Psychologie. [WWW] http://www.parapsychologischeberatungsstelle.de/downloads/transpersonale_Psychologie.pdf

Ott, Ulrich (2010): Meditation für Skeptiker. Ein Neurowissenschaftler erklärt den Weg zum Selbst. München: O. W. Barth Verlag.

Pöppel, Ernst (2013): Der autistische Spiegel. Warum linke und rechte Gehirnhälfte zusammengehören. [E-Book] Hamburg: Murmann Verlag.

Remmert, Günter W. (o. J.): Intuition. Die Intelligenz des Unbewussten. [WWW] http ://www.seminarhaus-schmiede.de/pdf/intuition-unbewusste-intelligenz.pdf

Ricard, Matthieu; Singer, Wolf (2013): Hirnforschung und Meditation. Ein Dialog. 7. Aufl., Frankfurt am Main: Suhrkamp Verlag.

Rohr, Richard (2010): Pure Präsenz. Sehen lernen wie die Mystiker. München: Claudius Verlag.

Roth, Gerhard (2008): Hirnforschung. Mit Bauch und Hirn. [WWW] http://www.zeit.de/2008/48/M-Schaltstelle-Gehirn

Schaller, Fritz Patrick (2012): Nach Gott und Religion. Vision für einen jungen christlichen Humanismus. Wien, Zürich, Berlin, Münster: Lit Verlag.

Scheufele, Theodor (1979): Im ewigen Jetzt. Meditationstexte nach Meister Eckhart. Reutlingen: Fritz Bausinger.

Schiersmann, Christiane; Thiel, Heinz-Ulrich (2011): Organisationsentwicklung. Prinzipien und Strategien zur Veränderungsprozessen. 3. Aufl., Wiesbaden: VS Verlag.

Seifert, Ang Lee; Seifert, Theodor (2006): Intuition – die innere Stimme. Düsseldorf: Walter Verlag.

Sheldrake, Rupert (1999): Kosmische Intelligenz – Der Dialog zwischen Wissenschaft und Spiritualität. In: Pieter Loomans (Hg.): Meditation und transpersonale Psychologie. Der Alltag als Übung. Petersberg: Via Nova Verlag, S. 30–31.

Stace, Walter T. (1961): Mysticism and philosophy. London: Macmillan.

Traufetter, Gerald (2009): Intuition. Die Weisheit der Gefühle. Hamburg: Rowohlt Taschenbuch Verlag.

Walach, Harald (2009): Psychologie. Wissenschaftstheorie, philosophische Grundlagen und Geschichte; Ein Lehrbuch. 2. Aufl., Stuttgart: Kohlhammer Verlag.

Wenderoth, Andreas (2009): Über Eitelkeit und Ego hinaus. Zen als Weg zu Führung im tieferen Sinne – Eine Ouvertüre. In: Willigis Jäger und Paul J. Kohtes (Hg.): zen@work – Manager und Meditation. Einzigartige Erfahrungsberichte aus der Führungsetage. 2. Aufl., Bielefeld: Kamphausen Verlag, S. 13.

Wilber, Ken (1991): Wege zum Selbst. Östliche und westliche Ansätze zu persönlichem Wachstum. München: Goldmann Verlag.

Wolf, Ingeborg (2007): Mystik. Zen, Kontemplation, Yoga, Kabbala, Sufismus, Taoismus. Praxis und Orientierung im Spiegel von Religion, Psychologie, Naturwissenschaft und Gesellschaft. 5. Aufl., Frankfurt am Main: Edition Logos Verlag.

Yamada, Kōun (2011): Die torlose Schranke Mumonkan. Zen-Meister Mumons Koan Sammlung. München: Kösel Verlag.

Zeuch, Andreas (2008): Improvisation, Intuition und Datensurfen. In: Ferstl, A., et al.: Menschen stärken für globale Verantwortung. Augsburg: Zielverlag, S. 56–63.

Lösung für die „Neun-Punkte-Übung" auf S. 118

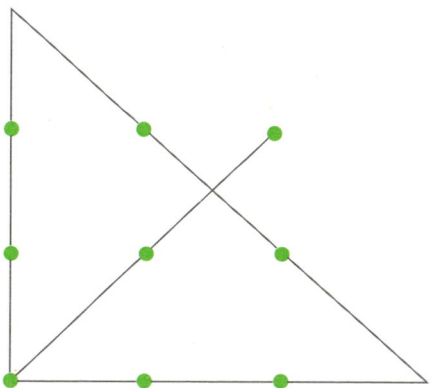

Danksagung

Danken möchte ich meinen Interviewpartnern, die das Buch bereichert haben. Mit einigen von ihnen gehe ich seit Jahren den Weg des Zen und der Kontemplation. Meine dankbare Wertschätzung gilt meinem langjährigen Zen- und Kontemplationslehrer Willigis Jäger und seinen Nachfolgern Beatrice Grimm und Fernand Braun.
Dr. Andrea Neuhaus stand mir vom Anfang des Buchprojektes an mit Rat und Tat zur Seite, vielen Dank an sie.
Am Ende gilt noch der Dank meiner Frau und meinen zwei Söhnen, die mir den Sinn und den Reichtum der Familie vor Augen führten. Es gibt noch einige andere Personen, die für mich wichtig sind und waren und die ich hier nicht alle nennen kann. Deshalb hier noch einmal an sie alle: vielen Dank!

Autor: Renato Kruljac

© 2017 by Helmut Lingen Verlag GmbH,
Brügelmannstr. 3, 50679 Köln
Gestaltung: Manfred Noppeney
Abbildungen: Renato Kruljac, thinkstock

Das Werk, einschließlich aller seiner Teile, ist urheberrechtlich geschützt. Jede Verwendung außerhalb der engen Grenzen des Urheberrechts ist ohne Zustimmung des Verlages unzulässig und strafbar. Das gilt insbesondere für Vervielfältigungen, Übersetzungen, Mikroverfilmungen und die Verarbeitung in elektronischen Systemen.

Printed in EU
Alle Rechte vorbehalten.
www.lingenverlag.de
www.dastutmirgut.net
www.achtsamkeit-intuition.de